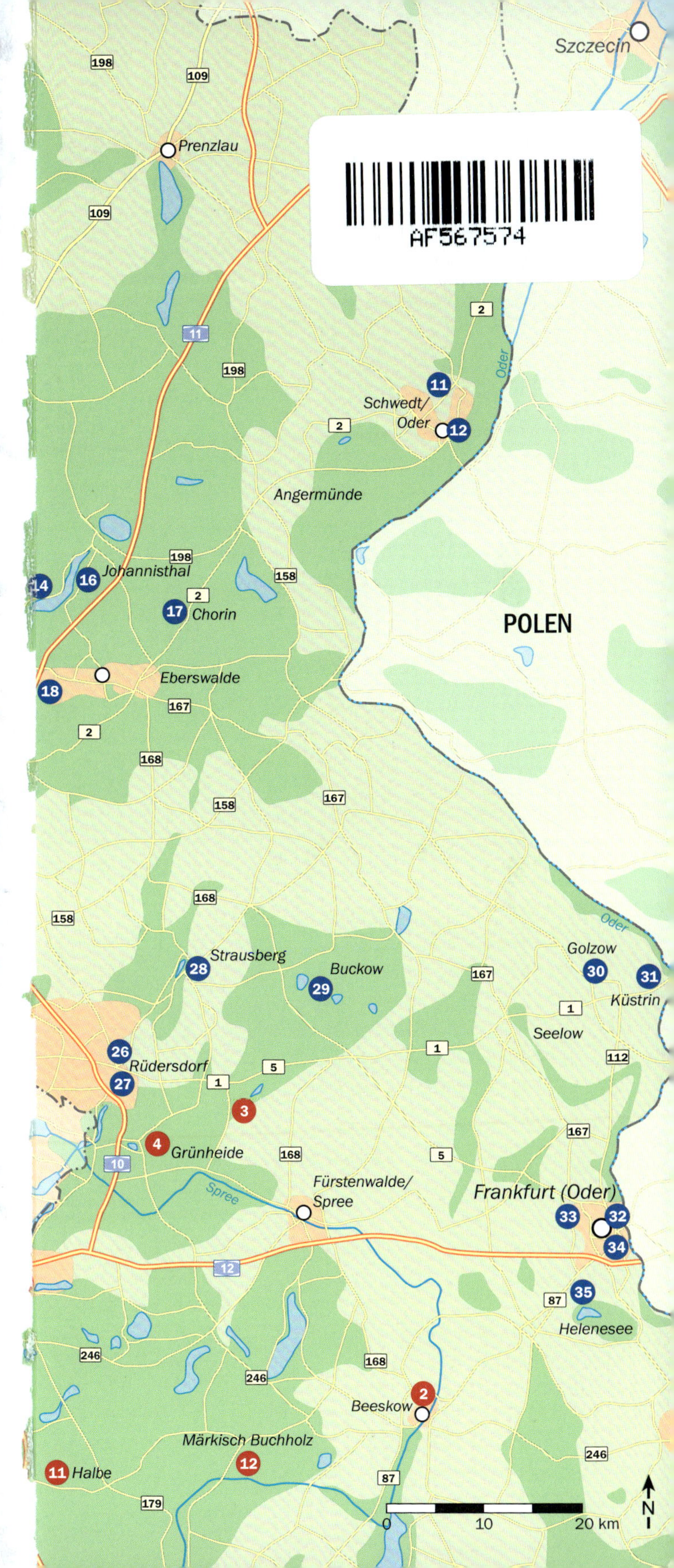

Szczecin
Prenzlau
AF567574
Schwedt/
Oder
Angermünde
Oder
Johannisthal
Chorin
POLEN
Eberswalde
Strausberg
Buckow
Golzow
Küstrin
Seelow
Rüdersdorf
Grünheide
Spree
Fürstenwalde/
Spree
Frankfurt (Oder)
Helenesee
Beeskow
Märkisch Buchholz
Halbe
0
10
20 km
N

LEGENDE

Nummer in der Karte Gebäude / Ort
Adresse
ggf. Internetadresse

Die Deutsche Nationalbibliothek verzeichnet diese Publikation in der Deutschen Nationalbibliografie; detaillierte bibliografische Daten sind im Internet über www.dnb.de abrufbar.

1. Auflage, April 2018
© Christoph Links Verlag GmbH
Schönhauser Allee 36, 10435 Berlin, Tel.: (030) 44 02 32-0
www.christoph-links-verlag.de; mail@christoph-links-verlag.de
Umschlaggestaltung: vorn unter Verwendung eines Fotos der Jugendhochschule »Wilhelm Pieck«, ca. 1970 (Sammlung Martin Kaule); hinten: Glienicker Brücke in Potsdam, 2017 (Martin Kaule)
Karten: Peter Palm, Berlin
Satz: Nadja Caspar, Ch. Links Verlag
Druck und Bindung: Druckerei F. Pustet, Regensburg

ISBN 978-3-86153-996-4

Jürgen Danyel, Martin Kaule, Irmgard Zündorf

Brandenburg 1945–1990

Der historische Reiseführer

Ch. Links Verlag, Berlin

VORWORT

Zwischen der Auflösung Preußens nach dem Ende des Zweiten Weltkriegs und der Neugründung des Landes Brandenburg 1990 lag fast ein halbes Jahrhundert voller politischer, wirtschaftlicher und sozialer Umwälzungen, die mit zahlreichen Eingriffen in die Entwicklung der Region und das Leben der Menschen verbunden waren. Brandenburg erlebte in dieser Zeit mehrere Phasen der Neuordnung seines Territoriums und dramatische Bevölkerungsverschiebungen. Mit der sowjetischen Besatzung und der Gründung der DDR wurden in der ländlich geprägten Provinz die Weichen in Richtung Sozialismus gestellt. Mit der Kollektivierung der Landwirtschaft und der staatlich gelenkten Industrialisierung führte die von der SED betriebene gesellschaftliche Neuordnung zu grundlegenden Veränderungen in den Eigentumsverhältnissen, der Sozialstruktur und den Wirtschaftsformen. Mit dem Ende der DDR und der deutschen Vereinigung erlebte das Land den zweiten großen politischen und gesellschaftlichen Umbruch in seiner Nachkriegsgeschichte. Die Geschichte Brandenburgs zwischen 1945 und 1990 und die damit verbundenen Lebenserfahrungen der Menschen in der Region sind ein interessantes Kapitel deutscher Zeitgeschichte. Historisch Interessierte können an zahlreichen Orten in der Region Spuren dieser Entwicklung finden und sich vor Ort über einzelne Kapitel der Nachkriegs- und DDR-Geschichte des Landes informieren.

Im Frühjahr 1945 wurde Brandenburg zum Schauplatz der letzten Entscheidungskämpfe zwischen der über die Oder nach Berlin vorrückenden Roten Armee und der deutschen Wehrmacht. In der Schlacht um die Seelower Höhen, dem Kessel von Halbe und in den Kämpfen um die Reichshauptstadt fielen auf beiden Seiten Zehntausende von Soldaten. Zudem gab es zahlreiche Opfer unter der Zivilbevölkerung in den umkämpften Gebieten. Ganze Landstriche wurden verwüstet, viele Ortschaften völlig zerstört. An die Befreiung vom Nationalsozialismus und die hohe Zahl sowjetischer Opfer erinnern zahlreiche bereits unmittelbar nach dem Ende der Kämpfe eingerichtete sowjetische Ehrenmäler und Ehrenfriedhöfe. In Halbe entstand mit dem Waldfriedhof eine der größten deutschen Kriegsgräberstätten. Bis heute werden auf den ehemaligen Gefechtsfeldern die sterblichen Überreste von Soldaten gefunden und Munitionsreste geborgen.

Die Not der Nachkriegsjahre traf die Menschen in Brandenburg nicht nur wegen der Zerstörungen besonders hart. 1947 kam es im Oderbruch zu einer Jahrhundertflut, die zu weiteren verheerenden Schäden führte. Hinzu kamen Hunderttausende von Flüchtlingen und Vertriebenen aus den deutschen Ostgebieten, die untergebracht und versorgt werden mussten. Mit der von den Alliierten 1945 auf der Potsdamer Konferenz vereinbarten Nachkriegsordnung für das besiegte Deutschland fielen die ehemals zur Provinz Brandenburg gehörigen Gebiete jenseits der Oder-Neiße-Linie an Polen. Ein wirtschaftlich eng verflochtener Raum wurde damit auseinandergerissen.

Die Deutschen wurden von der sowjetischen Bestatzungsmacht mit ihrer NS-Vergangenheit konfrontiert, wobei die lokalen Kommandanturen der Sowjetischen Militäradministration bei der Entnazifizierung häufig nicht zwischen Tätern und Mitläufern unterschieden. Die Erfahrungen der Brandenburger Bevölkerung mit den Befreiern und Besatzern war widersprüchlich: Gewalt, Hass und kulturelle Fremdheit standen neben der im Nachkriegsalltag erfahrenen Hilfe etwa bei der Versorgung.

In der offiziellen Erinnerung der DDR wurden die Schattenseiten der sowjeti-

Festlich geschmückte Innenstadt zum 10-jährigen Jubiläum Eisenhüttenstadts, 1960

schen Besatzung und die Willkür gegenüber den besiegten Deutschen weitestgehend ausgeblendet. Der neue Staat erklärte sich im Zeichen des Antifaschismus zum Sieger der Geschichte an der Seite der befreundeten Sowjetunion.
Mit der Befreiung durch die Rote Armee endete auch das Leiden von Zehntausenden überlebenden Häftlingen in den NS-Konzentrationslagern Sachsenhausen und Ravensbrück sowie in den in ganz Brandenburg verteilten Arbeitserziehungs-, Zwangsarbeiter- und Kriegsgefangenlagern. Auf den von der SS angeordneten Todesmärschen waren in den letzten Kriegstagen noch einmal Tausende von ihnen getötet worden.
Eine ganze Reihe der NS-Lager nutzte der sowjetische Geheimdienst NKWD weiter, nunmehr als Internierungslager für NS-Funktionsträger aber auch willkürlich verhaftete Verdächtige, unter ihnen viele vermeintliche Gegner des Besatzungsregimes. Die ehemaligen Lager wurden so zu Orten mit doppelter Vergangenheit. Heute wird an ihren Standorten in Gedenkstätten und Ausstellungen auch an diese in der DDR bis 1989 tabuisierte Nachkriegsgeschichte von Haft und politischer Repression erinnert. In Sachsenhausen und Ravensbrück wird zugleich die Geschichte der dort von der DDR errichteten und künstlerisch ausgestalteten Nationalen Mahn- und Gedenkstätten dokumentiert.
Prägend für Brandenburg und Städte wie Potsdam oder Neuruppin wurde auch die dauerhafte Präsenz sowjetischer Truppen in Deutschland, deren Kasernen und zu Sperrgebieten erklärte Truppenübungsplätze über die ganze Region verteilt waren. Im brandenburgischen Wünsdorf befand sich das Hauptquartier der Gruppe der sowjetischen Streitkräfte in Deutschland. Auch die Nationale Volksarmee beanspruchte neben dem Sitz des Ministeriums für Nationale Verteidigung in Strausberg zahlreiche Standorte für ihre Truppen sowie militärischen Anlagen und richtete in Brandenburg zahlreiche Sperrgebiete ein. Hinzu kamen Standorte der Deutschen Volkspolizei bzw. Bereitschaftspolizei und des Ministerium für Staatsicherheit. Auch nach 1945 wurde somit die Geschichte der militärischen Nutzung großer Flächen in Brandenburg fortgeführt.
Gleiches gilt für die von den Machteliten im Kaiserreich, der Weimarer Republik und der NS-Zeit zu Wohn- und Repräsentationszwecken genutzten Schlösser, Herrenhäuser und die daran angeschlossenen großen Jagdgebiete etwa in der im Norden von Brandenburg gelegenen Schorfheide. Obwohl sich die SED offiziell von der alten Klassengesellschaft distanzierte, nutzten die Spitzenfunktionäre diese Landschaft der Macht weiter, pflegten dort einen

Potsdamer Stadtschloss, Sitz des Landtags Brandenburg, 2017

von der Bevölkerung abgehobenen Lebensstil und erhoben die Staatsjagd erneut zum politischen Ritual. In einem Waldgebiet bei Wandlitz entstand Ende der 1950er Jahre zudem eine sorgsam von der Bevölkerung abgeschottete Wohnsiedlung für die Mitglieder und Kandidaten des SED-Politbüros, deren System der Privilegien und der Sonderversorgung zum Symbol für die Distanz zum eigenen Volk wurde. Zahlreiche Freizeit- und Ferienobjekte in landschaftlich besonders reizvollen Gegenden Brandenburgs waren für die SED, das Ministerium für Staatssicherheit, die DDR-Ministerien oder die politischen Massenorganisationen vorbehalten. Mit der Jugendhochschule der Freien Deutschen Jugend am Bogensee und der Pionierrepublik »Wilhelm Pieck« am Werbellinsee entstanden in den 1950er Jahren zudem großangelegte Ferien- und Schulungsobjekte für die politischen Nachwuchsorganisationen der SED. Der Freie Deutsche Gewerkschaftsbund, die Einheitsgewerkschaft der DDR, übernahm die traditionsreiche Gewerkschaftsschule in Bernau. In Kleinmachnow nutzte die SED das Areal um die Hakeburg für ihre Parteihochschule »Karl Marx«.

Die von der SED betriebene Politik des Aufbaus einer sozialistischen Gesellschaft führte im vorwiegend ländlichen Brandenburg zu weitreichenden Veränderungen in den territorialen Strukturen, Wirtschaftsformen und Lebensverhältnissen. Mit der Verwaltungsreform von 1952 hörten das Land Brandenburg und seine behördlichen Strukturen faktisch auf zu existieren. An ihre Stelle traten die neu gebildeten Bezirke Potsdam, Cottbus und Frankfurt (Oder). In Folge der mit Zwang forcierten Kollektivierung der Landwirtschaft und der Bildung von Landwirtschaftlichen Produktionsgenossenschaften (LPG) kam es zu einem radikalen Bruch mit den traditionellen Herrschafts- und Eigentumsverhältnissen auf dem Land. Bäuerliches Arbeiten und Leben wurde nun von kollektiven Gemeinschaftsformen und einer zunehmend mechanisierten und rationalisierten Großraumwirtschaft geprägt, mit der überkommene Unterschiede zwischen Stadt und Land aufgehoben werden sollten. Gegen die Politik der SED und deren Folgen regte sich vielerorts Protest und Widerstand, der von Staat und Partei gewaltsam unterdrückt wurde. Am 17. Juni 1953 beteiligten sich die Arbeiter in zahlreichen Brandenburger Orten am Aufstand gegen die SED-Diktatur. Bis zum Mauerbau verließen viele Menschen aus Brandenburg die DDR in Richtung Westen. Zahlreiche Kritiker und politische Gegner des Regimes landeten in Gefängnissen wie den MfS-Untersuchungshaftanstalten in der Potsdamer Lindenstraße und in Frankfurt (Oder) oder dem Zuchthaus in Cottbus. Dort wird heute in Gedenkstätten und Ausstellung an die Haftbedingungen und die Lebensgeschichten der politischen Häftlinge erinnert.

Auch die sozialistische Industrialisierung und die dabei neu entstandenen Industriestandorte veränderten das Land nachhaltig: Der Braunkohlebergbau in der Lausitz wandelte das Gesicht einer ganzen Region und griff mit dem Abriss kompletter Ortschaften tief in das Leben der Menschen ein. Auf Be-

schluss der SED wurde in den 1950er Jahren in Eisenhüttenstadt ein großes Stahlkombinat und für dessen Beschäftigte eine neue sozialistische Planstadt errichtet, die als Muster für die von der SED propagierten neuen Lebens- und Arbeitsverhältnisse dienen sollte. Hinzu kamen weitere neu errichtete Produktionsstandorte im Bereich der Elektro- und Textilindustrie, der Erdölverarbeitung, des Maschinen- und Automobilbaus und der optischen Industrie.
Die sozialistische Stadtplanung füllte mit ihren gebauten Modernitätsversprechen die durch die Kriegszerstörungen entstandenen Freiräume in vielen Städten und Gemeinden Brandenburgs, allen voran in den Bezirkshauptstädten. Industrieller Wohnungsbau und typisierte Plattenbauten prägten die Wohnverhältnisse vieler Menschen, zunehmend auch auf dem Land. Der Preis für diese Modernisierung waren der sichtbare Verfall der historischen Innenstädte und das Verschwinden vieler Bauten, die in der Wahrnehmung der SED als Symbole des reaktionären Preußens und der alten Ausbeuterordnungen galten.
Ab 1961 trennte die Berliner Mauer nicht nur die beiden Stadthälften, ihr Außenring um die Westsektoren verlief nun auf 112 Kilometern durch Brandenburg. In der Folge wurden althergebrachte Verbindungen zwischen der Hauptstadt und ihrem Brandenburger Umland gekappt. Für viele Menschen, die nun entlang der Grenze wohnten, bedeutete dies ein Leben im überwachten Sperrgebiet. Ganze Landstriche und Gewässer in Brandenburg gehörten zum Grenzgebiet und waren bis 1989 nicht mehr frei zugänglich. Zum Symbol für die deutsche Teilung und den Kalten Krieg wurde die Glienicker Brücke zwischen Potsdam und West-Berlin, die mit dem dort wiederholt stattfindenden Agentenaustausch internationale Aufmerksamkeit erregte.
Trotz der trennenden Grenze blieb Brandenburg in der DDR-Zeit aufgrund seiner Landschaft, den zahlreichen Kulturdenkmälern, den vielen Seen und den ausgedehnten Waldgebieten eine beliebte Freizeit-, Ferien und Urlaubsregion für die Bevölkerung, besonders für die Ost-Berliner. Neben den Ferienheimen von Betrieben und staatlichen Einrichtungen richteten sich viele Ostdeutsche im Brandenburger Umland Wochenendgrundstücke und Datschen ein und zogen sich dort in private Nischen zurück.
Im Osten grenzte Brandenburg entlang der Oder-Neiße an die Volksrepublik Polen. Im Gegensatz zur Berliner Mauer galt diese Trennlinie in der offiziellen Propaganda der SED als eine Freundschaftsgrenze. Kontakte und Begegnungen zwischen den Menschen beiderseits der Grenze blieben aber auch hier über die gesamte Zeit der DDR schwierig und von politischen Konjunkturen abhängig.
Die nach 1945 in Brandenburg vollzogenen territorialen Veränderungen sowie der mit der Geschichte der DDR verbundene politische, wirtschaftliche und soziale Wandel haben deutliche Spuren in den Lebensgeschichten und im Alltag der Menschen hinterlassen. Vieles davon scheint Jahrzehnte nach dem Ende der DDR und im Zuge der deutschen Einheit allmählich zu verschwinden.
Gegen das Verblassen der Erinnerung an die DDR arbeiten viele Museen, Ausstellungen, Gedenkstätten und Geschichtsprojekte an. Neben dem Blick auf die Herrschaftsstrukturen der SED und der Überwachung durch die Stasi beschäftigen sich Einrichtungen wie das Dokumentationszentrum Alltagskultur der DDR in Eisenhüttenstadt aber auch einige kleine zum Teil private DDR-Museen und Ausstellung mit dem Alltag in der DDR.
Die Spuren der wechselvollen Geschichte des Landes Brandenburg von 1945 bis 1990 lassen sich an vielen Orten finden und erkunden. Der vorliegende historische Reiseführer soll dabei helfen, sie zu entdecken.

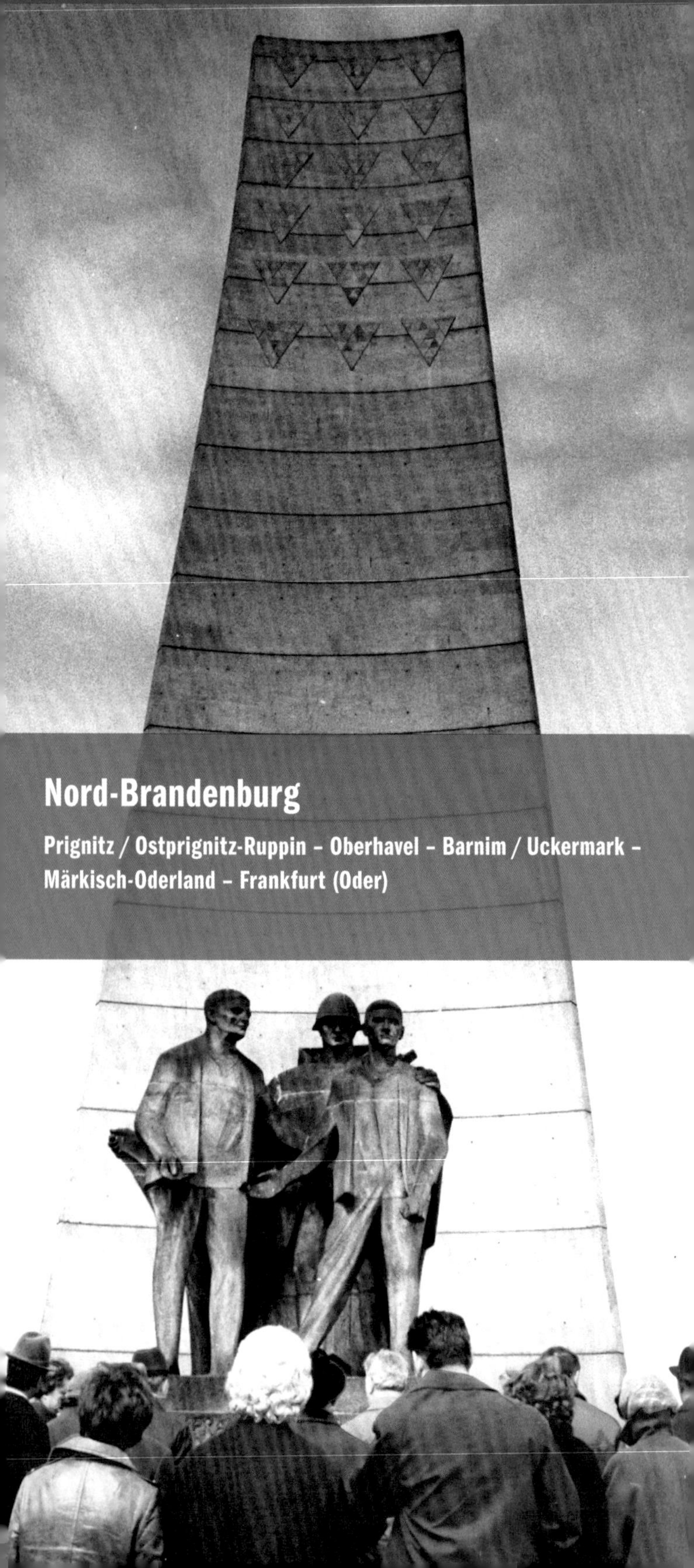

Nord-Brandenburg

Prignitz / Ostprignitz-Ruppin – Oberhavel – Barnim / Uckermark – Märkisch-Oderland – Frankfurt (Oder)

1 DDR-Geschichtsmuseum im Dokumentationszentrum Perleberg

Feldstraße 98
19348 Perleberg
www.ddr-museum-perleberg.de

Mit dem Ende der DDR begann schon bald ihre Musealisierung. Viele bis dahin produzierte und benutzte alltägliche Dinge des Lebens verschwanden Anfang der 1990er Jahre aus den Regalen der Einkaufsläden ebenso wie aus den Wohnungen. Diese materiellen Zeugnisse des DDR-Alltags landeten jedoch nicht alle auf dem Müll. Vielmehr begannen private Sammler und Museen sehr früh, solche Objekte aufzubewahren und bald auch zu präsentieren.
Die großen staatlichen Museen vernachlässigten jedoch lange Zeit in ihren Ausstellungen den Alltag in der DDR und betrachteten vor allem die politische Entwicklung des SED-Staates sowie die Überwachung und Verfolgung der Menschen durch die Staatssicherheit. Das Leben in der DDR jenseits der staatlichen Machtstrukturen blieb dabei außen vor. Dieser Lücke nahmen sich verschiedene private Sammler an. Sie präsentieren ihre Perspektive auf die Geschichte anhand von alltäglichen Konsumobjekten, die für diejenigen, die in der DDR gelebt haben, einen hohen Wiedererkennungs- und Erinnerungswert haben. Es handelt sich bei den Ausstellungsmachern um keine gelernten Museumsfachleute, und die von ihnen ausgestellten Objekte sind mitunter aus dem historischen Zusammenhang herausgelöst. Manches wurde angekauft, vieles stammt aber auch aus Schenkungen, denn manche früheren DDR-Bürgerinnen und Bürger möchten ihre alten Dinge zwar nicht mehr haben, wollen sie aber auch nicht wegwerfen. Die Art der Darstellung knüpft direkt an die Lebenserfahrungen der Menschen in der DDR an, ohne in jedem Fall die komplexe Geschichte des SED-Staates zu erfassen. Einige Beispiele für diese Sammlungspräsentationen sind die DDR-Museen in Burg (Spreewald), Döberitz oder Kampehl.
Dagegen ähnelt das private DDR-Geschichtsmuseum im Dokumentationszentrum in Perleberg schon eher einem professionellen Museum. Bei der Präsentation der Alltagsgeschichte wird der Diktaturcharakter der DDR nicht ausgeklammert. Die Museumsmacher hoffen, damit »Impulse für ein demokratisches einheitliches Deutschland zu geben«. Sie zeigen deshalb ihre gesammelten Konsumprodukte »umzingelt« von Objekten der Blockparteien und Massenorganisationen sowie der Staatssicherheit. So soll ein umfassender Blick auf das Leben in der DDR vermittelt werden. Die Präsentation befindet sich in einem historischen Gebäude aus dem

▲ Ausstellungsraum im DDR-Museum Perleberg, 2017
◂ Gedenkveranstaltung vor dem Obelisken der Mahn- und Gedenkstätte Sachsenhausen, 1975

19. Jahrhundert, das lange Zeit als Militärdepot diente. Von Mai bis Juni 1933 nutzten die Nationalsozialisten es zudem als »wildes« Konzentrationslager. Nach 1945 zog ein polytechnisches Zentrum in das Gebäude ein, und seit 2006 beherbergt es das DDR-Geschichtsmuseum.

2 Garnisonsstadt Perleberg / Technik- und Oldtimermuseum
Wilsnacker Straße 12
19348 Perleberg
www.oldtimerfreunde-perleberg.de

Die Stadt Perleberg verfügte bis zur Abwicklung des Bundeswehrstandortes 1997 über eine fast 300-jährige Geschichte als Garnisonsstadt. Durch die Jahrhunderte hinweg prägten die Militärs das Leben in der Prignitz. Mit dem Ende des Zweiten Weltkrieges besetzten Einheiten der sowjetischen Besatzungstruppen den einstigen nationalsozialistischen Fliegerhorst. Zudem entstand hier die Unteroffiziersschule »Egon Schultz« der Grenztruppen der DDR. Die Grenztruppen zählten zu den bewaffneten Organen des Landes und sicherten die Staatsgrenze der DDR. Ähnlich wie die Berliner Mauer wurde auch die innerdeutsche Grenze umfassend durch verschiedene Zaun- und Sperranlagen gesichert. In den 1980er Jahren standen rund 44 000 Menschen im Dienst der Grenze. Die Einrichtung

Vereidigung an der Unteroffiziersschule der DDR-Grenztruppen, 1984

Technik- und Oldtimermuseum im historischen Gebäude in Perleberg, 2017

Hengstparade im Gestüt Neustadt (Dosse), 1957

in Perleberg sorgte für die Ausbildung des benötigten unteren militärischen Führungspersonals.
Nach der Auflösung der Länder und der Gründung der Bezirke der DDR im Jahr 1952 fiel der Kreis Perleberg an den neuen Bezirk Schwerin, der heute weitgehend zum Land Mecklenburg-Vorpommern gehört. Mit der Neugründung der Länder nach der deutschen Vereinigung kam der Kreis zum Land Brandenburg. Perleberg zählt damit zu den wenigen Kreisen der neuen Bundesländer, die administrativ einer neuen Region zugeordnet wurden.
Neben dem DDR-Geschichtsmuseum im Dokumentationszentrum Perleberg (→ S. 7) erhalten und dokumentieren technikbegeisterte Mitglieder des ortsansässigen Oldtimervereines zahlreiche Fahrzeuge aus dem vergangenen Jahrhundert und sorgen dafür, dass Interessierte die Entwicklung der Fahrzeugtechnik in einem eigens gegründeten Museum nachvollziehen können. Seit 2002 werden auserlesene Oldtimer in einer nunmehr denkmalgeschützten ehemaligen Turnhalle ausgestellt. Neben den rund 50 Fahrzeugen – vom Fahrrad mit Hilfsmotor bis hin zu Motorrädern, PKW und Traktoren – wird auch ein selbstgebautes Fluchtgerät präsentiert. Das heimlich im Eigenbau in den 1980er Jahren montierte Leichtflugzeug mit Trabant-Motor kam jedoch nie auf einer Flucht aus der DDR in den Westen zum Einsatz. Zusätzlich zu den Klassikern der Automobilgeschichte werden in der Ausstellung historische Rundfunkgeräte gezeigt.

3 Volkseigenes Hengstdepot / Brandenburgisches Haupt- und Landgestüt Neustadt (Dosse)

Hauptgestüt 10
16845 Neustadt (Dosse)
www.neustaedter-gestuete.de

Die Pferdezucht in Neustadt (Dosse) kann auf eine mehr als 200-jährige Tradition zurückblicken. Die geschichtsträchtigen Bauten des Haupt- und Landgestüts auf dem zweigeteilten Gelände sind über einen knapp eineinhalb Kilometer langen Weg miteinander verbunden. Die Gründung der architektonisch imposanten Anlagen initiierte der preußische König Friedrich Wilhelm II., der mit diesem Schritt den Bedarf an (Militär-)Pferden durch eine eigene Zucht decken wollte. Nach der Fertigstellung blieb das Gestüt stets den

Bronzestatue des Zuchthengstes »Kolibri« im Hof des Gestüts, 2017

Wirren der Geschichte ausgeliefert. Spätestens das Ende des Zweiten Weltkriegs stellte einen enormen Einschnitt dar, da fast alle verbliebenen Pferde und nahezu das gesamte Inventar als Reparationsleistungen in die Sowjetunion verbracht wurden. Nur durch den engagierten Einsatz des Personals der Anlage konnte die Pferdezucht 1946 langsam wieder aufgenommen werden. Doch die Mechanisierung der Landwirtschaft senkte den Bedarf an Arbeitspferden deutlich. Daher stellte sich der Betrieb schrittweise auf die Zucht und die Ausbildung von Reitpferden um. Spätestens ab den 1970er Jahren galten die hier aufgezogenen Pferde als lohnende Exportware für das nichtsozialistische Ausland und stellten damit eine wichtige Deviseneinnahmequelle für die DDR dar. Einzelne Tiere erzielten Preise von bis zu 120 000 Deutsche Mark. Das Gestüt wurde in den ersten Jahren in der Rechtsform eines Volkseigenes Gutes mit Pferdehaltung betrieben. Doch mit dem Ausbau der Zucht erfolgte die Umbenennung zum Volkseigenen Hengstdepot. Neben dem Zuchtbetrieb in Neustadt existierten auf dem Gebiet der DDR noch zwei weitere Gestüte in Redefin (Mecklenburg-Vorpommern) und Moritzburg (Sachsen). Neustadt zeichnete für die Zucht von Reit- und Wagenpferden verantwortlich und fungierte ab 1971 als zentraler Exportstall des Landes. Zur Zucht standen mehr als 100 Hengste zur Verfügung, denen etwa 3000 Stuten »zugeführt« werden konnten.

Nach dem Ende der DDR übernahm das nunmehr neugegründete Land Brandenburg die 400 Hektar große Liegenschaft. Anschließend erfolgte eine schrittweise Modernisierung der Anlagen. Heute wird das Brandenburgische Haupt- und Landgestüt als Stiftung des öffentlichen Rechts geführt. Am Standort des Hauptgestüts informiert das Gestütsmuseum über die wechselvolle Geschichte. Die gesamte weitläufige Anlage kann nach Anmeldung im Rahmen von Führungen besichtigt werden. Informationstafeln vor zahlreichen Gebäuden erinnern an die Geschichte der einzelnen Bauten.

4 GSSD-Truppenübungsplatz (Bombodrom) / Sielmanns Naturlandschaft Kyritz-Ruppiner Heide

Wittstocker Straße
16909 Wittstock / Dosse
OT Schweinrich
www.kyritz-ruppiner-heide.de

Zwischen 1952 und 2011 wurde ein Teil der Kyritz-Ruppiner Heide als Truppenübungsplatz Wittstock genutzt. Als Übungsplatz der Gruppe der Sowjetischen Streitkräfte in Deutschland (GSSD) angelegt, erfolgte nach der

Verlassene Kasernenbauten der Sowjetarmee in Schweinreich, 2006

Übergabe an die Bundeswehr eine von der Bevölkerung stark kritisierte Weiternutzung der rund 120 Quadratkilometer großen Liegenschaft.
Das vornehmlich für Bombenabwürfe, Manöver und Schießübungen genutzte Gelände diente in der Zeit des Kalten Krieges neben den Streitkräften der Sowjetunion auch weiteren Armeen der Warschauer Vertragsstaaten für großangelegte Manöver. Die Menschen der Region litten mehrere Jahrzehnte unter dem Lärm der Tiefflieger, den ständigen Truppenbewegungen und der Sperrung bis dahin öffentlicher Straßen. Mit der Übergabe an die Bundeswehr im Sommer 1992 wuchs ein enormer ziviler Widerstand, der in der Gründung der Bürgerinitiative FREIe HEIDe gipfelte. Durch regelmäßige Protestaktionen und Demonstrationen sowie Klagen bis hin zum Bundesverwaltungsgericht wurde über mehrere Jahre hinweg ein friedlicher Umgang mit der Heide im Sinne des Naturschutzes und der Tourismusentwicklung der Region erstritten. Letztlich konnte im Sommer 2009 das Ende der militärischen Nutzung bekanntgegeben werden. Seither erinnern mehrere Informationstafeln rund um das riesige Areal an den Einsatz der Bürgerinitiative. Spätestens mit dem Abzug der Bundeswehr wurde das Gelände zu einem bedeutenden Rückzugsort bedrohter Tierarten. Neben dem Wolf zählt auch der Seeadler zu einer der hier nun lebenden Arten. Die ursprüngliche Wald- und Heidelandschaft war durch die intensive militärische Nutzung als Bombodrom zu einer kargen und extrem munitionsbelasteten Landschaft geworden. Im Ergebnis umfangreicher Konversionsmaßnahmen konnten inzwischen wieder mehrere Wege auf dem belasteten Gelände für Wanderer und Fahrradfahrer freigegeben werden. Daneben finden in den wärmeren Monaten des Jahres Kutschfahrten in ausgewiesenen Abschnitten statt. Die Heinz-Sielmann-Stiftung, die auch die ehemaligen militärisch genutzten Flächen in der Döberitzer Heide betreut, ist seit 2012 für etwa 4000 Hektar des einstigen Militärgeländes zuständig. Die mobile Ausstellung »Der ehemalige Truppenübungsplatz im Wandel« informiert über die Geschichte der heute größten zusammenhängenden Heidefläche Europas. Über den aktuellen Standort der Ausstellung informiert eine Internetseite.

5 Kernkraftwerk Rheinsberg

Am Nehmitzsee 1
16831 Rheinsberg
www.ewn-gmbh.de

Das 1966 in Betrieb genommene Kernkraftwerk Rheinsberg diente als Versuchskraftwerk der ersten Generation dazu, den wirtschaftlichen Betrieb

Der Reaktorraum im Kernkraftwerk Rheinsberg, 1966

dieser Form der Energieerzeugung umfassend zu erproben. Seit den 1950er Jahren wurde neben der militärischen Nutzung der Kernenergie für zerstörerische Waffen auch nach einer zivilen Einsatzmöglichkeit zur Stromerzeugung geforscht. Das weltweit erste Kraftwerk zur großtechnischen Erzeugung von elektrischer Energie ging bereits 1954 in der Nähe von Moskau in Betrieb.
Der Kalte Krieg führte auch in der technischen Ausbeutung der Atomkraft zu einem Wettlauf der Systeme. Die schnell wachsenden Industriegesellschaften benötigten eine stabile Versorgung mit Elektrizität. Der Umstieg auf die Atomenergie erschien auf beiden Seiten des Eisernen Vorhangs eine mögliche Lösung der Energiefrage zu sein. Nach der Inbetriebnahme des ersten Forschungsreaktors des Zentralinstituts für Kernforschung in Dresden-Rossendorf 1957 erfolgte der Bau des Forschungsreaktors bei Rheinsberg. Die Ergebnisse aus dem Betrieb des Kraftwerkes Rheinsberg flossen in die Projektierung der eigentlichen DDR-Kernkraftwerke in Lubmin bei Greifswald

Die technische Schalt- und Betriebswarte des Kernkraftwerkes, 2006

(ab 1967) und Stendal (ab 1974) ein. Auch wenn die Errichtung dieser neuartigen Kraftwerke mit enormen ökonomischen Mitteln erkauft wurde, galt diese Technik bis zur Reaktorkatastrophe von Tschernobyl 1986 als wirtschaftlich, sicher und sauber. Planungen in den 1950er Jahren sahen vor, den Energiebedarf des Landes mit 20 Kernkraftwerken abzudecken. Durch den regulären Betrieb sollte langfristig die schmutzige und umweltbelastende Verstromung von Braun- und Steinkohle abgelöst werden. In Rheinsberg kam der erste von der Sowjetunion exportierte Kernreaktor – der Druckwasserreaktor WWER-210 mit einer Nettoleistung von 62 Megawatt – zum Einsatz. Durch einige Modifikationen konnte die Leistung auf 70 Megawatt erhöht werden.

Das restaurierte Museum Neuruppin, 2017

Für den reibungslosen Ablauf waren etwa 700 Mitarbeiter im Kraftwerksbetrieb und in der Forschung beschäftigt. Zum Vergleich: Die ersten vier Blöcke des Kernkraftwerkes Lubmin lieferten in den 1970er Jahren knapp 2000 Megawatt. Damit wurden lediglich knapp zehn Prozent des gesamten Strombedarfs der DDR sichergestellt. Bereits im Sommer 1990 musste das Kraftwerk aus Sicherheitsgründen abgeschaltet werden, da die kalkulierten Modernisierungskosten in keinem Verhältnis zum Ertrag standen. Mit der Übernahme durch die Energiewerke Nord GmbH (EWN) begannen der Rückbau und die Demontage aller strahlenden Einbauten nicht nur in Rheinsberg, sondern auch in Lubmin. Für diese Arbeiten stellte die Bundesregierung bisher rund 4,4 Milliarden Euro zur Verfügung.

6 Museum Neuruppin

August-Bebel-Straße 14/15
16816 Neuruppin
www.museum-neuruppin.de

Das Museum der Stadt Neuruppin kann sich auf eine lange Tradition berufen; seine Anfänge als Schausammlung sind bereits in Theodor Fontanes »Wanderungen durch die Mark Brandenburg« dokumentiert. Inzwischen ist das Museum aber mehr als ein Mekka für Fontane-Liebhaber und Bewunderer der weit über die Stadt hinaus berühmt gewordenen Neuruppiner Bilderbögen. Letztere beanspruchen ebenso wie Karl Friedrich Schinkel oder der Orientmaler Wilhelm Gentz einen festen Platz in den Ausstellungsräumen. Mit der seit 2015 präsentierten neuen Dauerausstellung wird zugleich die gesamte Stadtgeschichte bis zur Gegenwart und damit auch die Entwicklung von Neuruppin in der Zeit der DDR in den Blick genommen. Den Brückenschlag bis in die Gegenwart symbolisiert der 2014 mit der Neueröffnung des Museums eingeweihte moderne Erweiterungsbau, der die Ausstellungsfläche des im neoklassizistischen Stil gehaltenen Noeldechen-Hauses deutlich erweitert hat.

Nachdem Neuruppin mit seiner historischen Altstadt das Ende des Zweiten Weltkrieges ohne größere Zerstörungen überstanden hatte, wurde die Stadt seit Anfang der 1950er Jahre stark durch die Ansiedlung und Erweiterung von Industriebetrieben und den damit verbundenen Zuzug von Fachkräften geprägt. Die VEB Elektrophysikalischen Werke Neuruppin entwickelten sich ab den 1970er Jahren zum wichtigsten Produzenten für Leiterplatten für die Mikroelektronik und Unterhaltungstechnik, das alteingesessene Feuerlöscherwerk produzierte für den gesamten Ostblock. Damalige Planungen sahen die Entwicklung von Neuruppin zur sozialistischen Kreisstadt mit bis zu 100 000 Einwohnern vor. Aus wirtschaftlichen Gründen blieb die zusehends verfallende Altstadt von der damals angedachten weitreichenden städtebaulichen Umgestaltung mit Neubau- und Verkehrsprojekten verschont. Erst in den 1980er Jahren wurde mit ihrer Rekonstruktion begonnen.

Als besonders prägend für die Stadt erwies sich die dauerhafte Anwesenheit sowjetischer Truppen. Neuruppin war mit den Kasernen der 12. Panzerdivision und rund 12 000 stationierten Soldaten einer der größten Garnisonsstandorte der Gruppe der sowjetischen Streitkräfte in Deutschland. Der Fluglärm des nahegelegenen sowjetischen Militärflugplatzes belastete den Alltag der Bewohner. Die Entmilitarisierung der Region gehörte deshalb 1989 zu den wichtigsten Forderungen des politischen Umbruchs und mobilisierte die Zivilgesellschaft, worüber im Museum ausgiebig berichtet wird.

7 Pfarrhaus Schwante

Dorfstraße 25
16727 Oberkrämer OT Schwante

Am 7. Oktober 1989 feierte die SED-Führung mit großem Pomp, einer Militärparade und einer angesichts der Krise des Landes gespenstisch anmutenden Festveranstaltung den 40. Jahrestag der DDR. Zur gleichen Zeit wurde ein kleiner brandenburgischer Ort zum Schauplatz eines für die politischen Verhältnisse der DDR unerhörten Vorgangs. Im Pfarrhaus von Schwante versammelten sich an diesem Tag eine Reihe von Pfarrern, Theologen und Bürgerrechtlern, um eine Sozialdemokratische Partei in der DDR zu gründen. Die neue Partei, die sich programmatisch der Idee einer »ökologisch orientierten sozialen Demokratie« verpflichtet fühlte und ein parlamentarisches System anstrebte, war ein offener Affront gegen den Herrschaftsanspruch der SED. Sie berief sich damit auf eine Tradition, die von der 1946 aus KPD und SPD gegründeten Einheitspartei politisch vereinnahmt worden war.

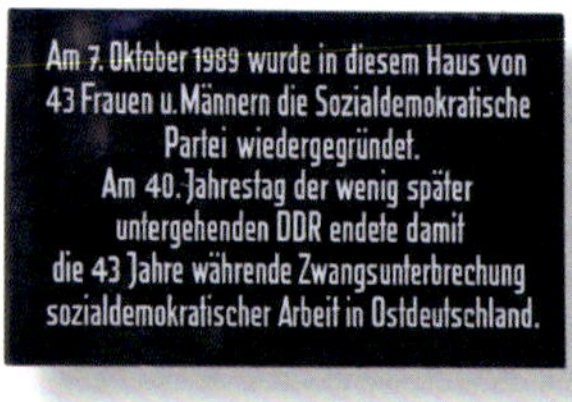

Obwohl sich zur gleichen Zeit überall in der DDR Oppositionsgruppen bildeten und sich öffentlicher Protest formierte, blieb die Gründungsversammlung für alle Beteiligten ein äußerst riskantes Unterfangen. Die Anreise der Teilnehmer nach Schwante und das konspirative Treffen im Haus von Pfarrer Joachim Köhler verliefen unter abenteuerlichen Umständen. Den mit dem Satz »So kann es nicht weitergehen« überschriebenen Gründungsaufruf für die neue Partei hatten die Initiatoren Markus Meckel und Martin Gutzeit bereits am 26. August in einer Veranstaltung in der Golgatha-Gemeinde in Ost-Berlin vorgestellt. Um ein Eingreifen der Staatssicherheit zu verhindern, wählte man den kleinen, im Norden von Berlin bei

Pfarrhaus in Schwante mit Gedenktafel zur Gründung der Sozialdemokratischen Partei in der DDR (links) und Kriegerdenkmal aus Feldsteinen im Vordergrund, 2017

Kremmen gelegenen Ort. Aus Angst vor möglichen Verhaftungen hielten sich die 43 Gründungsmitglieder in der Nacht zum 7. Oktober zudem nicht in ihren Wohnungen auf und kamen auf getrennten Wegen nach Schwante. Zum ersten Sprecher der Partei wurde Stephan Hilsberg gewählt, die Geschäftsführung übernahm Ibrahim Böhme. Dass über seine Person die Stasi von Anfang an mit am Tisch saß und über das Unternehmen bestens informiert war, erfuhren die Beteiligten erst viel später.

Schon bald nach der Gründung bildeten sich überall in der DDR sozialdemokratische Ortsgruppen, die Partei war ab Dezember 1989 am Runden Tisch vertreten und stellte ab Februar 1990 einen Minister (ohne Geschäftsbereich) in der Regierung Modrow. Der erhoffte große Erfolg der jungen Partei bei den ersten freien Wahlen in der DDR im März 1990 blieb jedoch aus. Mitten in die Koalitionsverhandlungen mit dem Wahlsieger, der CDU-geführten Allianz für Deutschland, platzte ein Enthüllungsartikel des Nachrichtenmagazins »Der Spiegel«, der den an die Spitze der Partei aufgestiegenen Ibrahim Böhme als langjährigen inoffiziellen Mitarbeiter der Staatssicherheit enttarnte.

In der letzten DDR-Regierung war die ostdeutsche SPD mit sechs Ministern vertreten. Wenige Tage vor der deutschen Einheit schloss sich die Partei mit den Sozialdemokraten in der Bundesrepublik zusammen. Am Pfarrhaus in Schwante erinnert eine Gedenktafel an dieses wichtige Ereignis des politischen Umbruchs in der DDR.

8 Mahn- und Gedenkstätte / Gedenkstätte und Museum Sachsenhausen

Straße der Nationen 22
16515 Oranienburg
www.gedenkstaette-sachsenhausen.de

Als die Rote Armee im Verbund mit polnischen Einheiten am 22. und 23. April 1945 das Konzentrationslager Sachsenhausen in Oranienburg erreichte, konnten die Soldaten nur noch etwa 3000 kranke Häftlinge sowie Ärzte und Pfleger befreien. Kurz davor hatte die SS das Lager evakuiert und 33000 in Gruppen aufgeteilte Häftlinge in Marsch gesetzt. Durch diese Todesmärsche starben noch einmal Tausende von Häftlingen an Entkräftung, oder sie wurden unterwegs von der SS erschossen.

Bis 1945 waren mehr als 200000 Menschen in dem 1936 errichteten und immer weiter ausgebauten Konzentrationslager eingesperrt worden. Zehntausende

Zentraler Obelisk mit der Figurengruppe »Befreiung« von René Graetz auf dem Gelände

von Ihnen starben an den Folgen der rücksichtslosen Ausbeutung ihrer Arbeitskraft, an Mangelernährung, den Misshandlungen und der Folter. Viele Häftlinge, darunter auch Tausende nach dem Überfall auf die Sowjetunion gefangengenommene sowjetische Soldaten und Offiziere, wurden aber auch gezielt hingerichtet.

Während die überlebenden Häftlinge bereits in ihre Heimatländer unterwegs waren und in ganz Europa die Befreiung vom Nationalsozialismus gefeiert wurde, begann in Oranienburg im Zeichen der Entnazifizierung ein weiteres düsteres Kapitel der Lagergeschichte. Seit August 1945 nutzten die sowjetische Besatzungsmacht und der sowjetische Geheimdienst NKWD das Gelände als Speziallager Nr. 7 (von 1948 bis 1950 Speziallager Nr. 1). Zu den insgesamt 60 000 Insassen zählten neben internierten NS-Funktionären und Gegnern der Besatzungsherrschaft auch aus alliierter Kriegsgefangenschaft entlassene Wehrmachtsoffiziere, zur Repatriierung vorgesehene Sowjetbürger und wegen Dienstvergehen verurteilte Angehörige der Roten Armee. Der Alltag der Häftlinge war von ständigem Hunger, grassierenden Krankheiten und erzwungener Untätigkeit gekennzeichnet. Hinzu kam, dass viele der Insassen gar nicht wussten, warum sie inhaftiert waren. Eine individuelle Prüfung ihrer Schuld fand nicht statt, Geständnisse wurden teilweise durch Folter erzwungen. Etwa 12 000 Internierte starben an den Folgen der katastrophalen Haftbedingungen.

In der DDR wurden die Existenz der Anfang der 1950er Jahre aufgelösten sowjetischen Speziallager und die Schicksale der politischen Gefangenen mit einem Tabu belegt. Den zentralen Bezugspunkt für das antifaschistische Selbstverständnis der DDR und das öffentliche Gedenken bildete von Anfang an die Erinnerung an die in den NS-Konzentrationslagern verübten Verbrechen, an die hohe Zahl kommunistischer Opfer und die mit der Geschichte der Lager verbundenen Traditionen des Widerstands und der internationalen Häftlingssolidarität. Ganz in diesem Sinne wurde 1961 auf einem kleinen Teil des Geländes des ehemaligen Konzentrationslagers Sachsenhausen nach Buchenwald und Ravensbrück die dritte große Nationale Mahn- und Gedenkstätte der DDR eröffnet. Dafür wurde

der heutigen Gedenkstätte Sachsenhausen, 2015

das Areal bewusst künstlerisch überformt und im Sinne eines Mahnmals gestaltet. Den Mittelpunkt der Gedenkstätte bildete ein in der direkten Sichtachse vom Lagerturm aufgestellter hoher Obelisk, dessen Symbolik mit Dreiecken aus rotem Sandstein an die roten Winkel der politischen Häftlinge erinnern sollte. Davor symbolisierte eine monumentale Figurengruppe des Bildhauers René Graetz die Befreiung des Lagers. Auf deren Sockel sind die Länder genannt, aus denen die Häftlinge stammten. Die gesamte Denkmalanlage diente von nun an regelmäßig als Kulisse für Massenkundgebungen, Gedenkveranstaltungen und Wehrdienstvereidigungen.

Seit 1993 gehört die Gedenkstätte zur Stiftung Brandenburgische Gedenkstätten, unter deren Ägide die Anlage im Sinne eines dezentralen Museumskonzepts und mit Blick auf den Erhalt der originalen Gebäude und Relikte der Lagergeschichte umfassend saniert und umgestaltet wurde. Über die einzelnen historischen Schichten informieren jeweils an den authentischen Orten gesonderte Ausstellungen zur KZ-, Speziallager- und Gedenkstättengeschichte.

9 VEB Ziegelwerke / Ziegeleipark Mildenberg

Ziegelei 10
16792 Zehdenick OT Mildenberg
www.ziegeleipark.de

Durch die eher zufällige Entdeckung umfangreicher Tonvorkommen bei Zehdenick im ausgehenden 19. Jahrhundert und die Nähe zur stetig wachsenden Metropole Berlin wuchs die Region schnell zu einer der größten Ziegeleireviere Europas. 1910 stellten etwa 6000 Beschäftigte in insgesamt 63 Ringöfen mehr als 625 Millionen Ziegel pro Jahr her. Die fertig gebrannten Baumaterialen gelangten über die Havel nach Berlin und in weitere Städte der Region. Nachdem der Bauboom mit der Weltwirtschaftskrise 1929/30 abebbte, kam es zur Stilllegung mehrerer Ziegeleibetriebe des Reviers. Doch spätestens mit dem beginnenden Wiederaufbau der zerstörten Städte nach Ende des Zweiten Weltkrieges erfolgte der erneute Ausbau des Industriestandortes an der Havel. Bis in die 1960er Jahre hinein entwickelten sich die nun unter dem Dach des VEB Ziegelkombinats Potsdam geführten Unternehmen zum wichtigsten Hersteller von Ziegelsteinen und Dachziegeln in der DDR. Nachdem viele Jahrzehnte die Ziegel in mühevoller und körperlich anstrengender Handarbeit gefertigt worden waren, erleichterte ab den 1950er Jahren eine moderne, später automatisch arbeitende Strangpresse die Ziegelherstellung.

In Zehdenick kamen zumindest bis 1961 auch bis zu 300 Strafgefangene in einem Strafvollzugskommando zum Einsatz, die vor Ort in einem Haftarbeitslager untergebracht waren. Zehdenick war ein Standort von insgesamt 14 Arbeitslagern auf dem Gebiet der DDR. Diese waren nach einem Beschluss der SED aufgebaut worden, um ähnlich wie im sowjetischen GULag-System die Umsetzung wirtschaftlicher und militärischer Großprojekte zu beschleunigen. Mit der Forcierung des Wohnungsbaus in Großtafel- beziehungsweise Plattenbauweise verlor der Standort ab Ende der 1960er Jahre seine Bedeutung. 1991 wurde das Ziegeleiwerk komplett stillgelegt und in ein Industriemuseum umgewandelt. Als einer der Ankerpunkte der Europäischen Route der Industriekultur (ERIH) informiert das heutige Museum in unterschiedlichen Ausstellungen über die verschiedenen Aspekte der Ziegelproduktion. Die Dauerausstellung »Werktätige im VEB« dokumentiert dabei die harte Arbeit der Menschen in der Ziegelindustrie, die die Region bis in die Gegenwart prägte. Der Ziegeleipark Mildenberg ist zwischen April und November täglich geöffnet. Neben den Ausstellungen und einem Rundgang durch den früheren Betrieb wird eine Fahrt mit der Ziegeleibahn – der modernisierten ehemaligen Werkbahn – angeboten.

Die historischen Gebäude des heutigen Ziegeleiparks Mildenberg, 2017

Auf einem Lastkahn verladene Ziegel für Berlin, 1950

Seehotel Templin mit der Fassadengestaltung von Michael Fischer-Art, 2017

10 Ferienobjekt des FDGB »Friedrich Engels« / AHORN Seehotel Templin
Am Lübbesee 1
17268 Templin
www.ahorn-hotels.de

Ein Dia-Vortrag über »Wald und Wild im Kreis Templin«, ein Billardturnier und Kegelabende, »Märchen-Dias für die Jüngsten«, eine Nachtwäsche- und Bademodenschau unter dem Motto »Frivol und heiter am Abend …« mit anschließendem Tanz – dies waren nur einige der Höhepunkte aus dem Veranstaltungskalender des gewerkschaftlichen Erholungsheims »Friedrich Engels« in Templin im Oktober 1989. Der 1984 eröffnete, in Plattenbauweise errichtete und durchgehend ausgelastete Erholungskomplex am Ufer des Lübbesees verfügte über einen eigenen 350 Meter langen Strand. Um die Urlauber kümmerten sich 500 Mitarbeiter. Der Tagesablauf, die Mahlzeiten im großen Speisesaal und das breite Angebot an organisierten Freizeitaktivitäten waren entsprechend durchgeplant und begrenzten den Raum für eine individuelle Urlaubsgestaltung. In dem riesigen zwölfgeschossigen Plattenbau im Grundriss eines dreizackigen Sterns konnten sich mehr als 1000 Urlauber gleichzeitig erholen, sofern sie einen der in der DDR begehrten, weil preisgünstigen Urlaubsplätze in den Einrichtungen der Einheitsgewerkschaft bekommen hatten. Viele DDR-Betriebe richteten sich zudem eigene Ferien- und Erholungsstätten ein.
Trotz steigender Kapazitäten und der staatlichen Förderung reichte die Zahl der verfügbaren Urlaubsplätze nie aus. Mit dem Bau von »Bettenburgen« wie in Templin versuchte die DDR, den wachsenden Bedarf ihrer Bürger nach attraktiven Urlaubsmöglichkeiten im eigenen Land zu stillen, denn Ferienreisen ins Ausland blieben auf einige wenige sozialistische Länder beschränkt. Einen Ferienplatz des FDGB zu erhalten, empfanden deshalb viele DDR-Bürger als besonderes Glück, denn bei der Vergabe in den Betrieben spielten besondere Arbeitsleistungen und politische Loyalität eine nicht geringe Rolle. Die Möglichkeiten, privat Urlaub zu machen, waren demgegenüber begrenzt und im Vergleich zu den vom Staat subventionierten Ferienaufenthalten in den Einrichtungen des FDGB relativ teuer.
Äußerst schwierig gestaltete sich das Schicksal des Ferienheims nach dem Ende der DDR. Noch während die Einrichtung von der Treuhand verwaltet

wurde, versuchten sich verschiedene Hotelpächter vergeblich an der Anlage. Ein thailändisches Unternehmen, das den Hotelkomplex 1994 erworben hatte, musste wenige Jahre später Insolvenz anmelden. Inzwischen firmiert die Einrichtung unter dem Namen »Ahorn Seehotel Templin« und wird von einer in Berlin ansässigen Hotelkette betrieben. Um den unansehnlichen grauen Betonklotz attraktiver zu machen, wurde 2015 der Leipziger Künstler Michael Fischer-Art mit der Neugestaltung der Fassade beauftragt. Als Kind hatte auch er mit seinen Eltern hier seinen Urlaub verbracht. Nun präsentiert sich das gesamte Gebäude in den knallbunten Farben eines riesigen Pop-Art-Gemäldes und gilt seitdem als größtes europäisches Fassadenkunstwerk.

Informationsstele an der einstigen Zufahrt zum Gefängnis in Schwedt, 2017

11 Militärgefängnis Schwedt / Erinnerungsort

Breite Allee 31–33
16303 Schwedt

Schwedt war der »Armeeknast« der DDR. Hierher kamen straffällig gewordene Angehörige der Nationalen Volksarmee (NVA) und der kasernierten Einheiten des Innenministeriums. Die Militärstrafvollzugsanstalt in Schwedt wurde 1968 eingerichtet und unterstand zunächst dem Ministerium des Innern. Während dieser Zeit diente sie als Haftanstalt für alle von der Militärjustiz zu einer Freiheitsstrafe von bis zu zwei Jahren oder Strafarrest verurteilten Mannschaftssoldaten und Unteroffiziere. Die meisten Militärangehörigen waren wegen sogenannter Militärstraftaten wie Fahnenflucht, unerlaubter Entfernung von der Truppe und Tätlichkeiten gegen andere Soldaten verurteilt worden. Hinzu kamen allgemeine kriminelle Delikte wie Diebstahl und Körperverletzung sowie politisch motivierte Straftaten wie »staatsfeindliche Hetze«. 1982 übernahm das Ministerium für Nationale Verteidigung das Gefängnis und vergrößerte die Liegenschaft. Es entstand die NVA-Dienststelle Schwedt mit der Bezeichnung »Disziplinareinheit 2«. Seitdem konnten Soldaten auch

Neubau einer Küchenbaracke auf dem Areal des Militärgefängnisses, 1970er Jahre

ohne Gerichtsurteil bis zu drei Monaten direkt nach Schwedt geschickt werden. Es reichte eine als Disziplinarmaßnahme begründete Einweisung des jeweiligen Regiments- oder Divisionskommandeurs. Der Aufenthalt in Schwedt galt dann nicht als Haft, sondern als »Dienst in der Disziplinareinheit«. Seit 1982 verbüßten rund 800 Gefangene Freiheitsstrafen und 2500 Armeeangehörige Disziplinarstrafen in Schwedt.
Ehemalige Häftlinge und Disziplinarbestrafte erinnern sich an die schwere körperliche Arbeit, den militärischen Drill und Schikanen durch das Wachpersonal, die den Haftalltag prägten. Kontakte zur Familie oder Freunden waren stark eingeschränkt. Nach der Entlassung zurück in die Truppe durfte nicht offen über die Inhaftierung gesprochen werden. Unter den Armeeangehörigen in der DDR wurde der Name »Schwedt« zu einem Mythos, der Angst und Schrecken auslöste. Während des politischen Umbruchs in der DDR kam es im Dezember 1989 auch zu Protesten und Arbeitsniederlegungen der Gefangenen und Disziplinarbestraften. Bis Ende Mai 1990 wurden die letzten Militärstrafgefangenen entlassen und die Disziplinareinheit aufgelöst. Die Bundeswehr hatte nach dem 3. Oktober 1990 keinen Bedarf an einer Militärstrafvollzugsanstalt. Die Liegenschaft der ehemaligen Disziplinareinheit wurde nunmehr an private und gewerbliche Nutzer verkauft. Den vorderen Teil mit den ehemaligen Wach-, Stabs- und Unterkunftsgebäuden erwarb die Stadt Schwedt. Heute kann im Rahmen öffentlicher Führungen des Museums der Stadt Schwedt und des Vereins »DDR-Militärgefängnis Schwedt e.V.« dieser Bereich besichtigt werden. Am Eingangsbereich des Geländes befinden sich Informationstafeln zur Geschichte des Militärs in der DDR, zur Militärjustiz sowie zur Struktur des militärischen Strafvollzugs und zum Alltag der Gefangenen in Schwedt.

12 Kreiskulturhaus und Theater / Uckermärkische Bühnen Schwedt

Berliner Straße 46 – 48
16303 Schwedt / Oder
www.theater-schwedt.de

Die im April 1945 zu 85 Prozent zerstörte Stadt Schwedt wurde Ende der 1950er Jahre zum Standort des neu entstehenden Petrolchemischen Kombinates bestimmt. Das schnell wachsende Kombinat, in dem sowjetisches Erdöl raffiniert wurde, sowie das ortsansässige Papier- und Kartonwerk waren die wichtigsten Arbeitgeber der Stadt. Der Ausbau beider Unternehmen führte zu einem enormen Wachstum der nunmehr kreisfreien Stadt auf mehr als 50 000 Einwohner. Die historische Repräsentationsachse des alten Stadtzentrums in Richtung des früheren Schlosses wurde beibehalten und als Leninallee zur Hauptstraße des neuen städtischen Zentrums umgestaltet. Neben den neuen Wohnbauten mit teils künstlerischer Ausgestaltung, dem Centrum-Warenhaus und dem benachbarten Versorgungszentrum stellte das

Foyer des Kulturhauses in Schwedt, 1978

Das Gebäude der Uckermärkischen Bühnen Schwedt, 2017

1978 fertiggestellte Kreiskulturhaus und Theater am Standort des einstigen Schlosses den östlichen Abschluss des Stadtzentrums dar. In unmittelbarer Nähe zur Hohensaaten-Friedrichsthaler-Wasserstraße gelegen, war es das kulturelle Zentrum der Region. In dem Kulturhaus gab es neben einem großen Mehrzwecksaal für knapp 800 Gäste, einen kleineren Saal für ca. 100 Besucher, zwei Klubräume für je 40 Personen und weitere kleinere Räumlichkeiten zur Freizeitgestaltung (Zirkel). Das Haus wurde durch verschiedene Kunstwerke ausgestaltet, unter anderem schmückten Wandbilder, eine Stele und Kopien der historischen Plastiken des einstigen Schlossensembles das Gebäude und sein Umfeld. Das benachbarte Theater wurde ein Jahr nach der Eröffnung des Kreiskulturhaues zur neuen Spielstätte eines bis dahin in Prenzlau beheimateten Theaterensembles. Daneben existierten bis 1990 vier weitere Kulturstätten im Stadtgebiet (Kulturhaus der Bauarbeiter, Kulturhaus »Neue Zeit«, Kulturhaus »Artur Becker« und das Kulturhaus der Papierfabrik), das Haus an der Leninallee stellte jedoch das größte und modernste dar. 1990 fusionierten Theater und Kulturhaus zu den Uckermärkischen Bühnen Schwedt. Heute werden hier die verschiedensten Veranstaltungen von jährlich etwa 145 000 Zuschauern besucht.

13 Gästehaus des DDR-Staatsrates Groß Dölln / Hotel Döllnsee-Schorfheide

Döllnkrug 2
17269 Templin OT Groß Dölln
www.doellnsee.de

Am 12. Dezember 1981 bot das in der Schorfheide gelegene Gästehaus des Staatsrates der DDR in Groß Dölln die winterliche Kulisse für die ersten Gespräche zwischen Erich Honecker und Helmut Schmidt. Ein sichtlich gut gelaunter Erich Honecker mit Pelzmütze empfing seinen prominenten Gast am Eingang des Gästehauses. Schmidt, der im (→ S. 24) Jagdschloss Hubertusstock untergebracht war, fuhr in Honeckers Citroën-Staatslimousine mit DDR-Standarte vor. Hinter einer Absperrung verfolgte ein ganzer Pulk von Fotografen und Kameraleuten das Geschehen.
Die DDR-Führung bot alles auf, um den Besuch zu einem Erfolg zu gestalten: von der fast privaten Atmosphäre über die landschaftliche Schönheit der Schorfheide, einem von der Staatssicherheit bis ins Detail choreographierten Weihnachtsmarkt in Güstrow bis hin zum Nimm-Zwei-Bonbon aus der Hand von Honecker beim Abschied. Mit dem Gästehaus im Hintergrund berichtete ein Reporter für das DDR-Fernsehen ausführlich über die gute Atmosphäre der politischen Salongespräche.
Solche Einblicke in die von der SED-

Walter Ulbricht bei einem Empfang im Gästehaus des DDR-Staatsrates, 1961

Erich Honecker und Helmut Schmidt beim gemeinsamen Winterspaziergang in Groß Dölln, 1981

Führung genutzten repräsentativen Jagdschlösser und Herrenhäuser in der Schorfheide erhielten die DDR-Bürger nur selten. In der Bevölkerung stießen das herrschaftliche Gebaren und die Jagdleidenschaft der »führenden Repräsentanten« eher auf Verwunderung und Ablehnung.

Die Vorgeschichte vieler dieser Objekte schien die neuen Nutzer nicht zu stören. Das Anwesen in Groß Dölln stammt aus der Zeit des Nationalsozialismus.

Es wurde von 1934 bis 1935 im Auftrag von Herrmann Göring, damals preußischer Ministerpräsident und oberster Waldhüter, für seinen Leibjäger Willi Schade und die Gäste seiner aufwändigen Staatsjagden und Jagdfeste gebaut. Göring selbst residierte im großen Stil im benachbarten Carinhall und verfügte über die Wälder bei Groß Dölln als persönliches Jagdrevier.
Nach 1945 wurde das Gebäude zunächst von der Freien Deutschen Jugend (FDJ) als Jugendherberge genutzt. Ab 1954 ging es in die Verfügung der DDR-Regierung über und diente seitdem als Ferien- und Gästehaus. Der schwer kranke Walter Ulbricht verbrachte hier die letzten Monate bis zu seinem Tod im August 1973. Der sowjetische Parteichef Leonid Breschnew weilte gern zur gemeinsamen Jagd mit Erich Honecker in Groß Dölln.
Nach 1989 ging das Anwesen in Privatbesitz über und wurde um neue Gästezimmer und Tagungsräume erweitert. Seit 1994 befindet sich auf dem wieder öffentlich zugänglichen Gelände das Vier-Sterne-Hotel Döllnsee-Schorfheide.

14 Jagdschloss Hubertusstock

Hubertusstock 2
16247 Joachimsthal
www.tagungs-zentrum.de

Seit Mitte des 19. Jahrhunderts diente das Jagdschloss Hubertusstock den Reichen und Mächtigen als Residenz, wenn sie in der Schorfheide zur Jagd gingen. Der preußische König Friedrich Wilhelm IV. hatte den Bau des Jagdschlosses im bayerischen Landhausstil 1845 in Auftrag gegeben. Später bezog Kaiser Wilhelm II. während der Jagdsaison Hubertusstock. In der Weimarer Republik stand es zunächst leer, da rechtlich nicht geklärt werden konnte, ob es Privateigentum der Hohenzollern war oder dem preußischen Staat gehörte. Nachdem der Rechtsstreit über einen Vergleich beendet worden war, stand das Jagdschloss den Ministern der preußischen Regierung und den Reichspräsidenten zur Nutzung offen. Vor allem Ministerpräsident Otto Braun nutzte das herrschaftliche Anwesen gern während seiner Jagden. In der Zeit des Nationalsozialismus gehörte die Schorf-

Luftbild vom heutigen Hotelkomplex am Großdöllner See, 2017

Bundeskanzler Helmut Schmidt bezog während seines offiziellen Besuchs in der DDR das Jagdschloss Hubertusstock, Dezember 1981

heide zum Einflussbereich von Hermann Göring, der jedoch nicht in Hubertusstock residierte, sondern sich einen eigenen Landsitz knapp 10 Kilometer entfernt am Ufer des Großdöllner Sees bauen ließ.

In der DDR diente das Schloss Hubertusstock zunächst als Freizeitstätte für Mitarbeiter des Innenministeriums, ab 1971 war es dann Gästehaus der Regierung. Zu den hochrangigen Besuchern gehörte in den 1960er und 1970er Jahren wiederholt der sowjetische Staats- und Parteichef Leonid Breschnew. Da Walter Ulbricht kein Interesse an der Jagd hatte, ging Breschnew zumeist mit Erich Honecker auf die Pirsch. Nachdem Honecker an die Spitze der Partei und des Staates aufgerückt war, nutzte er das Jagdschloss auch, um Gäste aus dem Westen hier zu empfangen. So war der SPD-Politiker Herbert Wehner seit 1973 mehrfach Honeckers Gast in Hubertusstock. 1981 folgte Bundeskanzler Helmut Schmidt einer Einladung in die DDR und wurde im Jagdschloss empfangen. Bei einem vermeintlichen Privatbesuch besprachen 1983 der bayerische Ministerpräsident Franz Josef Strauß und Honecker die Bedingungen eines bundesdeutschen Milliardenkredits. Als Gegenleistung erklärte die SED-Führung sich bereit, die Splitterminen an der innerdeutschen Grenze abzubauen. 1989 nutzte der neue Generalsekretär der SED Egon Krenz das Schloss noch einmal, um in der Abgeschiedenheit Gespräche mit Vertretern der Evangelischen Kirchen in der DDR zu führen. Er hoffte, sie für einen gemeinsamen politischen Neuanfang zu gewinnen. Ein Jahr später hörte die DDR auf zu existieren. Das Jagdschloss wurde anschließend privatisiert, um ein modernes Seminargebäude erweitert und ist heute ein Tagungshotel mit angeschlossenem Restaurant.

15 Jagdschloss Groß Schönebeck und Museumsscheune

Schorfheide-Museum
Schloßstraße 6
16244 Schorfheide
www.schorfheide-museum.de

Das Jagdschloss Groß Schönebeck liegt in der Schorfheide, die seit dem 18. Jahrhundert vor allem das Jagdrevier der Mächtigen war. Bereits der Soldatenkönig Friedrich Wilhelm I. hatte hier gejagt. Auf ihn sind auch die Wiedererrichtung und der Ausbau des Jagdschlosses zurückzuführen. Sein heutiges Aussehen erhielt es jedoch erst Anfang des 19. Jahrhunderts unter

Jagdschloss Groß Schönebeck, 2015

Friedrich Wilhelm III. Im 19. und frühen 20. Jahrhundert diente es vor allem als Gästehaus für die in der Schorfheide Jagenden. 1945 beherbergte das Gebäude kurzzeitig eine Kommandantur der sowjetischen Besatzungsmacht. Anschließend wurde es von der DDR-Forstwirtschaft für verschiedene Zwecke genutzt, zuletzt als eine Art »Kulturhaus«. Nach 1990 sollte das Gebäude und das umliegende Areal für museale Zwecke genutzt werden.

Die Geschichte der Verbindung von Jagd und Macht in der Schorfheide wird im Jagdschloss selbst und in der daneben stehenden Museumsscheune mit zahlreichen Bildern, Objekten und Filmaufnahmen präsentiert. Die Ausstellungen zeigen, dass in der Schorfheide sowohl der deutsche Kaiser Wilhelm II., der sozialdemokratische erste Reichspräsident der Weimarer Republik Friedrich Ebert als auch Hermann Göring gejagt haben. Im zweiten Teil der Ausstellung wird die Zeit nach 1945 thematisiert. In der Nachkriegszeit hatten zunächst sowjetische Soldaten in der Schorfheide gejagt. Ab 1952 übernahm das DDR-Ministerium des Innern die Rechtsträgerschaft. Zudem wurden verschiedene Einzeljagden für die Staatsfunktionäre eingerichtet. Auf diese Weise erhielt Erich Honecker rund zwei Drittel der Schorfheide als Sonderjagdgebiet zugesprochen. Die restliche Fläche teilten sich weitere hochrangige SED-Funktionäre wie der Minister für Staatssicherheit Erich Mielke, der für Wirtschaftsfragen zuständige Sekretär des SED-Zentralkomitees Günter Mittag und der Präsident der Volkskammer Horst Sindermann. Insgesamt unterstand das Gelände der Nationalen Volksarmee. Die Bevölkerung blieb außen vor. Der Wald und das Wild wurden zwar zum Volkseigentum erklärt, praktisch galt dies jedoch nicht für die Staats- und Sonderjagdgebiete der DDR-Eliten. Jagen durfte letztendlich nur, wer Mitglied eines Jagdkollektivs war – und das wiederum hing von der politischen Funktion ab.

16 Pionierrepublik »Wilhelm Pieck« / Europäische Jugenderholungs- und Begegnungsstätte Werbellinsee
Joachimsthaler Straße 20
16247 Joachimsthal
www.ejb-werbellinsee.de

»Schönstes Pionierlager der DDR eröffnet« – so überschrieb die Zeitung »Neues Deutschland« in ihrer Ausgabe vom 17. Juli 1952 den Bericht über die am Vortag erfolgte Eröffnung der neuen Pionierrepublik bei Altenhof direkt am Ufer des Werbellinsees. 35 Millionen DM stelle die Regierung der DDR für den Bau und die bereits geplanten Erweiterungen zur Verfügung, vermeldete stolz das Parteiorgan. Zur Eröffnung waren mit dem Präsidenten der DDR Wilhelm Pieck, dem Vorsitzenden der Freien Deutschen Jugend Erich Honecker und dem stellvertretenden Ministerpräsidenten Otto Nuschke prominente Gäste anwesend, die sich von den in Pionierkleidung zum Appell angetretenen ersten 500 Bewohnern feiern ließen. Schon das Programm der Eröffnung machte deutlich, dass das zentrale Pionierlager der DDR nicht nur als eine sehr gut ausgestattete Ferien- und Freizeiteinrichtung für die heranwachsende Generation gedacht war, sondern einen politischen Auftrag hatte. »Wir bauen mit am Sozialismus« skandierten die an Pieck vorbeimarschierenden Pioniere passend zum wenige Tage vorher von der SED-Führung auf ihrer II. Parteikonferenz verkündeten Aufbau des Sozialismus in der DDR.
Mit ihren mitten im Wald gelegenen großzügigen Gemeinschaftsunterkünften, einer großen Badestelle am See, einer eigenen Schule, zahlreichen Sportanlagen, einem Zoo und einer für DDR-Maßstäbe außergewöhnlich guten Versorgung konnte das »Kinderparadies« die dort mehrere Wochen weilenden Teilnehmer aus der ganzen DDR beeindrucken. Der Aufenthalt in der kurze Zeit später nach Wilhelm Pieck benannten Pionierrepublik wurde als eine Auszeichnung für Junge Pioniere gewährt. Die Mitgliedschaft in der Pionierorganisation war für Kinder im Alter zwischen 6 und 13 Jahren in der DDR mehr oder weniger obligatorisch. Die Delegierung an den Werbellinsee erfolgte durch die Pionierleitungen der Schulen als Belohnung für ausgezeichnete schulische Leistungen und ein besonderes politi-

Erstes Internationales Sommerlager in der Pionierrepublik am Werbellinsee, 1960

sches Engagement im Sinne des Sozialismus. Platz für bis zu 1000 Kinder gleichzeitig bot die Einrichtung nach ihrem weiteren Ausbau. Während der Sommerferien wurde das Pionierlager international und beherbergte Kinder aus kommunistischen Kinder- und Jugendorganisationen aus insgesamt 50 Staaten.

Neben der Erholung und vielen Freizeitaktivitäten wurden die Pioniere während ihres Aufenthalts am Werbellinsee unterrichtet und politisch geschult. In der positiven Erinnerung vieler ehemaliger Teilnehmer tritt diese Politisierung des Alltags aber zumeist in den Hintergrund. Mit dem Ende der DDR stellte auch das zentrale Pionierlager seinen Betrieb ein. Als »Europäische Jugenderholungs- und Begegnungsstätte Werbellinsee« dient es heute als Freizeit- und Ferieneinrichtung für alle Kinder und Jugendlichen. Das nach Entwürfen von Richard Paulick gebaute und von Reinhard Lingner landschaftlich gestaltete Areal steht inzwischen unter Denkmalschutz.

Der öffentliche Strand der heutigen Jugenderholungsstätte am Werbellinsee, 2009

17 Kloster Chorin

Amt Chorin 11a
16230 Chorin
www.kloster-chorin.org

Im Kloster Chorin findet in der Ruine des gotischen Kirchenschiffs seit 1963 jährlich der Choriner Musiksommer statt. Er gilt als das älteste Klassikfestival in Ostdeutschland. Anfangs zur »Erbauung der Werktätigen« eingeführt, erfreuen sich inzwischen zahlreiche Gäste aus allen Schichten der Gesellschaft an den klassischen Konzerten verschiedener deutscher und internationaler Sinfonieorchester.

Die Wahl der Klosterruine Chorin als Standort für die geplanten Konzerte erwies sich als günstig, da sie aufgrund der Kirchen-Architektur eine sehr gute Akustik aufweist. Der Einsatz von Lautsprechern ist nicht notwendig. Rund 2000 Gäste können pro Konzert in dem Kirchenschiff untergebracht werden, und auch auf den umliegenden Wiesen können Interessierte der Musik lauschen.

Der Bau des Zisterzienserklosters Chorin lässt sich in das 13. Jahrhundert datieren. Mit der Reformation wurde das Kloster aufgelöst, und die Anlage verfiel teilweise. Das Kirchengebäude aber auch die angrenzenden Gebäude wurden als Wohnräume oder Stallungen umgenutzt. Im 19. Jahrhundert setzte sich Karl Friedrich Schinkel für den Erhalt des Komplexes ein. Es gelang ihm, dass die landwirtschaftliche Nutzung der Anlage eingestellt wurde und die Gebäude nach und nach restauriert wurden. Einzelne Gebäude des Komplexes beherbergen heute eine Ausstellung. Darin wird die Geschichte des Klosters präsentiert und auch eine besondere Steinfigur, denn in der Klosterruine trug sich 1958 ein Politikum zu: Der Bildhauer Waldemar Grzimek – dessen Arbeiten sich auch in der Mahn- und Gedenkstätte Sachsenhausen (→ S. 15) wie auch in der Waldsiedlung Wandlitz (→ S. 33) finden – hatte damals den Auftrag erhalten, neue »teuflische« Säulenfiguren für den Kreuzgang der Ruine zu schaffen. Einer der Figuren soll er das Aussehen des damaligen SED-Generalsekretärs Walter Ulbricht gegeben haben. Die kleine Figur wurde nach drei Monaten wieder entfernt und ist heute in der Kloster-Ausstellung zu besichtigen.

Konzert in den historischen Gemäuern von Kloster Chorin, 1983

18 Aerodrom Finow / Luftfahrtmuseum Finowfurt

Museumsstraße 1
16244 Schorfheide OT Finowfurt
www.luftfahrtmuseum-finowfurt.de

Der ab 1938 errichtete Einsatzhafen der nationalsozialistischen Luftwaffe in Finowfurt erhielt mit Beginn des Zweiten Weltkrieges den Status eines Fliegerhorstes. Durch die folgenden umfangreichen Baumaßnahmen entstand südlich der Stadt Finowfurt einer der größten militärischen Flugplätze in der Region. Nach der Evakuierung des Areals Ende April 1945 wurden die flugtechnischen Einrichtungen weitgehend zerstört, damit sie nicht mehr durch die Rote Armee genutzt werden konnten. Doch nur wenige Jahre nach dem Ende des Zweiten Weltkrieges nahmen die Fliegerkräfte der sowjetischen Truppen den Flugplatz wieder in Betrieb und nutzten ihn bis 1993 als Luftwaffenstützpunkt. Aufgrund der Belegung mit sowjetischen Frontbombern und Jagdflugzeugen spielte das Aerodrom Finow, wie das Gelände in der DDR genannt wurde, eine besondere Rolle im Kalten Krieg. Ein in Finow gestartetes Allwetterjagdflugzeug vom Typ Jak-28P stürzte im April 1966 auf dem Überführungsflug nach Köthen in den West-Berliner Stößensee. Die in West-Berlin stationierten Alliierten verzögerten bewusst die Bergung des Flugzeuges, um das Wrack zwischenzeitlich studieren zu können. Auf diese Weise erhofften sie sich Einblicke in die sowjetische Rüstungstechnologie. Als Antwort auf die dauerhafte Stationierung des amerikanischen Aufklärungsflugzeuges SR-71 Blackbird im britischen Mildenhall wurden in Finow Flugzeuge vom Typ MiG-25 eingesetzt, da sie als geeignete Waffe galten, um bei etwaigen Grenzverletzungen der SR-71 einzugreifen. Nach

▲ Sowjetische MiG-23 vor einem Flugzeugbunker in Finowfurt, 2009
▼ Luftbild der einstigen Jugendhochschule der FDJ »Wilhelm Pieck«, 2017

dem Abzug der russischen Streitkräfte wurde das Areal 1993 an die deutschen Behörden übergeben. Heute präsentiert hier der Verein Luftfahrtmuseum Finowfurt zahlreiche Flugzeuge, Hubschrauber, Raketen und historische Fahrzeuge. Er dokumentiert zugleich die wechselvolle Geschichte des Flugplatzes.

19 Jugendhochschule der FDJ »Wilhelm Pieck« / Akademie Bogensee
Nikolai-Ostrowski-Straße
16348 Wandlitz OT Bogensee
www.akademiebogensee.com

In der Nähe von Wandlitz, mitten im Wald, liegt der Bogensee. Unweit davon

Ausländische Studenten an der Jugendhochschule der FDJ »Wilhelm Pieck« am Bogensee, 1962

erstreckt sich ein weiträumiges Areal mit einer Reihe von im Rechteck angeordneten mehrgeschossigen Gebäuden. Ihre Architektur ähnelt vom Stil her den Häusern in der Berliner Karl-Marx-Allee. Der aus der Sowjetunion entlehnte neoklassizistische Stil, auch Zuckerbäckerstil genannt, wurde zum Markenzeichen für die sozialistische Bauweise in der DDR der 1950er Jahre. Etwas abseits davon, näher am Seeufer gelegen, befindet sich ein weiteres U-förmiges Gebäude, das eher an einen privaten Landsitz erinnert. Das mit einem markanten Walmdach gedeckte Haus verfügt über einen großzügigen Eingangs-

bereich und wurde auf der Rückseite zum See mit großen Fensterfronten versehen. Das imposante Anwesen gehörte seit 1936 Reichspropagandaminister Joseph Goebbels, der sich hier bis 1939 eine Villa mit 30 Zimmern errichten ließ.
Nach Kriegsende übernahm die Rote Armee das Gelände samt Gebäuden. Bereits 1946 zog die Freie Deutsche Jugend (FDJ) hier ein und nutzte das Haus als Jugendhochschule, die 1950 den Namen »Wilhelm Pieck« erhielt. Schon bald wurde deutlich, dass die Räumlichkeiten zu klein waren. Ein Neubau mit Gemeinschaftsgebäuden und Wohnheimen für den jugendlichen Nachwuchs der SED begann 1951.
Die so entstandene FDJ-Hochschule umfasste am Ende sechs repräsentative Gebäude mit einer Aula für ca. 600 Personen, zwei Speisesälen, einer Bibliothek, zahlreichen Wohn- und Schlafräumen sowie Schulungsräumen und einer Krankenstation. Das Areal war abgeriegelt und konnte nur nach einer Ausweiskontrolle betreten werden. Im Volksmund hieß es auch das »Rote Kloster«.
In den mehr als vierzig Jahren ihres Bestehens zählte die Hochschule rund 15 000 Absolventen aus dem In- und Ausland, auch aus Westdeutschland.
In den Erinnerungen ehemaliger Studentinnen und Studenten war die Atmosphäre während des Studiums von Dogmatismus und wechselseitiger Kontrolle geprägt. Eher positiv werden die dort erfahrenen Begegnungen mit gleichgesinnten ausländischen Teilnehmern beschrieben. Die Gebäude waren in den 1970er Jahren sanierungsbedürftig, doch umfangreiche Renovierungen wurden erst begonnen, als die Jugendhochschule von der SED-Führung zum Schauplatz für die internationale Pressekonferenz anlässlich des DDR-Besuchs von Helmut Schmidt im Dezember 1981 bestimmt wurde. Der abgeschiedene Ort war absichtlich gewählt worden, um unkontrollierte Begegnungen des Gastes mit der Bevölkerung zu vermeiden.
Ende 1990 wurde die Schule geschlossen. 1991 zog das Internationale Bildungszentrum (IBC) ein und nutzte das Gebäude bis 1999 als Ausbildungsstätte. Die Immobilie steht unter Denkmalschutz und gehört der Stadt Berlin. Auch wenn es immer wieder neue Nutzungspläne gibt, stehen die Gebäude derzeit größtenteils leer und verfallen. Seit 2015 setzt sich eine Gruppe von Künstlern, Denkmalschützern und Sponsoren für eine Belebung der Bauten ein, wozu eine Akademie Bogensee GmbH gegründet wurde. Trotzdem erobert sich die Natur das Areal allmählich wieder zurück und verleiht ihm die Aura eines verwunschenen Schlosses oder eben eines lange verlassenen Klosters.

20 Barnim Panorama

Breitscheidstraße 8 – 9
16348 Wandlitz
www.barnim-panorama.de

Kaum zu übersehen ist der im Außenbereich des Barnim Panoramas stehende mächtige sowjetische Radschlepper vom Typ Kirowez K-700.
Der komplett rot lackierte Allradtraktor mit seinen fast mannshohen Reifen ist nur eines der Exponate des Museums, das die mit der sozialistischen Landwirtschaft in der DDR einhergegangenen Veränderungen bezeugt. Das seit dem Ende der 1960er Jahre auf den Feldern der DDR eingesetzte Großgerät steht symbolisch für die dort im Zeichen der Kollektivierung der Landwirtschaft praktizierte industrialisierte Großraumwirtschaft und deren Folgen. Angesichts hoher Planvorgaben versuchten die landwirtschaftlichen Betriebe ihre Produktivität in erster Linie durch den Einsatz von immer mehr Technik und Chemie zu steigern. Auf der Strecke blieben bäuerliche Erfahrungen und die Umwelt. Der Einsatz der sowjetischen Großtraktoren führte wegen ihres Gewichts von über 11 Tonnen zu einer wachsenden Verdichtung der Böden.
Die DDR-Landtechnik ist in der Ausstel-

Sowjetischer Ackerschlepper »Kirowez« im Barnim-Panorama, 2018

lung mit weiteren Maschinen vertreten, etwa mit dem wegen seiner vielfältigen Erweiterungsmöglichkeiten beliebten Geräteträger RS09, dem Mähdrescher E512 oder mit dem ZT300, einem in nahezu jeder Landwirtschaftlichen Produktionsgenossenschaft der DDR anzutreffenden Traktor.

Das Barnim Panorama ist jedoch weit mehr als ein Museum zur Geschichte der Landtechnik und der Agrarproduktion in der DDR. Im Mittelpunkt der Dauerausstellung steht der Wandel des Barnim, der eiszeitlich geprägten historischen Landschaft im Nordosten Berlins und im nordöstlichen Brandenburg, zu einer Kulturlandschaft. Historische Traditionen des Landbaus und des dörflichen Lebens werden ebenso dokumentiert wie das Wechselspiel zwischen dem Landleben und der Abfolge der Jahreszeiten. Der moderne an einen klassischen Dreiseitenhof erinnernde Museumsbau aus regionaltypischen Ziegeln und Holz hebt sich von traditionellen Agrarmuseen auch durch die Formen musealer Inszenierung ab.

Bevor das Museum 2013 seinen Neubau bezog, war es über verschiedene Standorte im alten Dorfkern von Wandlitz verteilt. Die Ursprünge des Museums liegen in der DDR der späten 1950er Jahre, als das Wandlitzer Ehepaar Walter und Margot Blankenburg mit dem Aufbau einer heimat- und agrargeschichtlichen Sammlung begann.

In der ehemaligen Milchsammelstelle des Ortes eröffnete 1960 das Heimatmuseum Wandlitz, das sich durch eine langjährige Zusammenarbeit mit dem Volkskundemuseum in Ost-Berlin und die Präsentationen von dessen landwirtschaftlicher Sammlung zum bedeutenden Agrarmuseum entwickelte.

21 Waldsiedlung Wandlitz / Brandenburgklinik Berlin-Brandenburg

Brandenburgallee 1
16321 Bernau bei Berlin
www.brandenburgklinik.de

»Einzug ins Paradies?« betitelte das Jugendmagazin »Elf99« des DDR-Fernsehens am 23. November 1989 seine inzwischen legendäre Reportage aus der Waldsiedlung Wandlitz. Die Aufnahmen aus der bis dahin vollständig von der Bevölkerung abgeschotteten und vom Ministerium für Staatssicherheit verwalteten Wohnsiedlung der Mitglieder des Politbüros des SED-Zentralkomitees lösten nach ihrer Ausstrahlung heftige öffentliche Debatten aus. Dabei waren die Bilder aus Wandlitz alles andere als spektakulär, denn die DDR-Journalisten bekamen eine sorgfältig bereinigte Kulisse vorgeführt. Als sich in den Tagen danach die Enthüllungen

Walter und Lotte Ulbricht bei der Zeitungslektüre auf dem Balkon ihres Hauses in der Waldsiedlung in Wandlitz, 1968

über die Privilegien und die Sonderversorgung der Spitzenfunktionäre mit Westwaren in den mutiger gewordenen DDR-Medien überschlugen, wurden der Machtmissbrauch durch die SED-Führung zu einem beherrschenden Thema des politischen Umbruchs in der DDR. 1989 lebten einige der Spitzenfunktionäre seit fast 30 Jahren in der 25 Kilometer vom Zentrum Berlins entfernten Siedlung. Nach den Erfahrungen der SED-Führung mit dem Aufstand vom 17. Juni 1953 waren die Abgelegenheit und gute Sicherung des Areals entscheidende Argumente für den 1960 erfolgenden Umzug aus dem Regierungsviertel am Pankower Majakowskiring nach Wandlitz gewesen. Für die SED-Funktionäre standen in dem parkähnlich gestalteten »Innenring« der Waldsiedlung 23 Wohnhäuser, ein »Funktionärsklub« mit Kino, Restaurant und Schwimmbad, eine Außenstelle des Regierungskrankenhauses und für Einkäufe das »Ladenkombinat« mit einem breiten Sortiment an Waren aus dem Westen zur Verfügung. Im benachbarten »Außenring« befanden sich Personalwohnräume und Versorgungseinrichtungen. Für die Verwaltung des Areals und die Betreuung der hier lebenden Politbüromitglieder waren zuletzt 650 Mitarbeiter der Staatssicherheit zuständig. Von Wandlitz aus wurden auch die zahl-

Ehemalige Hauptwache zum Innenring der Waldsiedlung Wandlitz, 2017

reichen Freizeit- und Erholungsobjekte der Spitzenfunktionäre sowie deren Jagdreviere betreut.
Der Name »Wandlitz« wurde für die DDR-Bevölkerung zu einem Symbol für den abgehobenen Lebensstil der SED-Führung und ihre wachsende Distanz zur DDR-Wirklichkeit. Über den »Luxus« in der Waldsiedlung kursierten zahlreiche Gerüchte. Die Öffnung der Siedlung gehörte deshalb mit zu den wichtigen Ereignissen der friedlichen Revolution. Ende 1989 übergab der DDR-Ministerrat das weitläufige Gelände dem Gesundheitsministerium, das nach dem Auszug der Funktionäre in eine Rehabilitationsklinik umgewandelt wurde. Auf dem öffentlich zugänglichen Areal geben Informationsstelen Einblick in die Geschichte der Funktionärssiedlung, ihr Sicherheitsregime und das mit ihr verbundene System der Privilegien. Im nahegelegenen Bernau können in einer Dauerausstellung im »Kunstraum Innenstadt« die auf dem Gelände bis 1989 befindlichen Skulpturen besichtigt werden.

22 Gewerkschaftshochschule »Fritz Heckert« / Baudenkmal Bundesschule Bernau

Hannes-Meyer-Campus 9
16321 Bernau bei Berlin
www.bauhaus-denkmal-bernau.de

Die 1930 fertiggestellte »Bundesschule bei Bernau« des Allgemeinen Deutschen Gewerkschaftsbundes (ADGB) fiel nach der Machtübernahme durch die Nationalsozialisten und der Zerschlagung aller in Deutschland existierenden freien Gewerkschaften an die Deutsche Arbeitsfront (DAF). Die DAF stellte bis 1945 den Einheitsverband der Arbeitnehmer und Arbeitgeber im »Dritten Reich« dar. Die modernen Bauten des Bauhaus-Direktors Hannes Meyer und des Architekten Hans Wittwer, in denen jeweils bis zu 120 Teilnehmer verschiedene Lehrgänge besuchen konnten, dienten auch als Reichsführerschule

Ausbildungspause in der Gewerkschaftshochschule »Fritz Heckert« in Bernau, 1986

der NSDAP. Nach der Übereignung an den Sicherheitsdienst der SS (SD) im Sommer 1936 erhielt der Komplex den Titel »SD-Schule Bernau bei Berlin«. Nach dem Ende des Zweiten Weltkrieges nutzte zunächst die Rote Armee die Gebäude als Truppenunterkunft und Lazarett. Der im Juni 1945 in Ostdeutschland zugelassene Freie Deutsche Gewerkschaftsbund (FDGB) erhielt 1946 den Schulungskomplex zur eigenen Nutzung übergeben und eröffnete nach umfangreichen Aus- und Neubauten hier am 2. Mai 1947 die FDGB-Bundesschule »Theodor Leipart«. Die ursprünglichen Pläne sahen noch eine Bildungsstätte für Mitglieder der Gewerkschaft aller vier Besatzungszonen vor. Mit dem wachsenden Konflikt zwischen den ursprünglichen Alliierten, dem beginnenden Kalten Krieg und der Gründung zweier deutscher Staaten änderte sich jedoch die Funktion der Bildungseinrichtung. Die Bundesschule wurde 1952 zur Gewerkschaftshochschule »Fritz Heckert« aufgewertet. Neue Gebäudeteile wurden angebaut, so dass hier nun auch ein Studienbetrieb mit Internat möglich war. Zu den angebotenen Fächern zählten neben der Geschichte der deutschen und

Ausbildung von Angehörigen der Kasernierten Volkspolizei-Bereitschaften in Basdorf, 1982

internationalen Arbeiterbewegung, der Kulturpolitik der Gewerkschaften auch Betriebswirtschaft, Sozialpolitik und Arbeitsrecht. Soweit überliefert haben bis zum September 1990 knapp 15 000 deutsche und etwa 5000 ausländische Gewerkschafter aus befreundeten Staaten und Parteien die Schulungsstätte besucht.
Mit der deutschen Einheit 1990 endete die Ära der FDGB-Hochschule. Nach umfangreichen Sanierungsarbeiten sind hier heute u. a. das Barnim-Gymnasium und ein Internat des benachbarten Bildungs- und Innovationszentrums der Handwerkskammer Berlin untergebracht. Aktuelle Planungen sehen vor, bis 2019 am Hannes-Meyer-Campus ein Besucherzentrum zu eröffnen, das auch über die Geschichte der einstigen Bundesschule informiert.

23 Kaserne der Volkspolizei-Bereitschaften / Wohnpark

Prenzlauer Straße
16348 Wandlitz OT Basdorf

Die Bauten des nationalsozialistischen Fremd- und Zwangsarbeiterlagers in Basdorf bei Wandlitz zur Unterbringung von bis zu 6000 Menschen – die vornehmlich in den nahen Brandenburgischen Motorenwerken zur Rüstungsproduktion herangezogen wurden – dienten in der DDR als Kasernen für die Volkspolizei-Bereitschaften. Aufgrund der Demontage des Motorenwerkes nach Ende des Zweiten Weltkrieges erfolgte zunächst ein teilweiser Rückbau des Lagerareals in Basdorf. Nach einer kurzen Nutzungsphase durch die Gemeinde wurde der Standort 1955 für die im Aufbau befindlichen VP-Bereitschaften der Hauptverwaltung Deutsche Volkspolizei (HVDVP) bestimmt. Diese Einheiten sollten nach den Erfahrungen des Volksaufstandes im Sommer 1953 den inneren Schutz der DDR sicherstellen und den Herrschaftsanspruch der SED dauerhaft festigen. Dazu waren die VP-Bereitschaften kasernierte, vollmotorisierte und nach militärischen Prinzipien organisierte Einheiten. Das Gelände in Basdorf wurde nach mehreren Erweiterungsbauten zwischen 1955 und 1960 einer der größten Standorte derartiger VP-Bereitschaften in der DDR. Vor den Toren Berlins gelegen, konnten hier drei der 21 Bereitschaften untergebracht werden. Diese Einheiten waren vollständig für die Absicherung der DDR-Hauptstadt vorgesehen. Gemeinsam mit den sogenannten Kampfgruppen der Arbeiterklasse wurden sie auch beim Bau der Berliner Mauer im August 1961 eingesetzt. Zu den regulären Aufgaben zählte die Aufrechterhaltung der »öffentlichen Ordnung und Sicherheit« – etwa bei politischen Großveranstaltungen und Fußballspielen – sowie ein Einsatz im Falle bewaffneter Konflikte oder »konterrevolutionärer« Situationen. Obwohl junge Männer auch zum Wehrdienst bei der Bereitschaftspolizei herangezogen wurden, herrschte ein steter Personalmangel, da Angehörige der Bereitschaften auch zu Arbeitseinsätzen in der Volkswirtschaft »verliehen« wurden.

Nach der deutschen Vereinigung brachte die Brandenburger Polizei auf dem Gelände bis 2006 eine Fachhochschule, die Landespolizeischule und das Landeskriminalamt unter. Das danach lange Zeit ungenutzte Areal wird inzwischen zu einem Wohnviertel umgestaltet.

24 Schloss Dammsmühle

Schloßstraße
16348 Wandlitz OT Schönwalde

Bis 1989 gehörte das im Norden von Berlin bei Schönwalde gelegene Schloss mit seinem malerischen Park zu jenen verborgenen und abgesperrten Orten, die für die Öffentlichkeit nicht zugänglich waren. Seit 1959 nutzte das Ministerium für Staatssicherheit den einstigen Herrensitz zunächst als Pionierferienlager »Feliks E. Dzierzynski« und seit Ende der 1960er Jahre als Gästehaus und Schulungszentrum. Hier tagten ranghohe Stasi-Offiziere, und die Führung der Staatssicherheit nutzte das Objekt für Feiern, zur Erholung und zur Jagd. Dafür wurden an dem Gebäude zahlreiche Umbauten vorgenommen und ein eigener Wirtschaftshof sowie mehrere Bunkeranlagen errichtet.

Zur Ausstattung des Hauses gehörten eine im ehemaligen Wandelgang des Schlosses eingebaute Kegelbahn, eine Sauna und eine rustikal eingerichtete Weinstube. Stasi-Chef und Hausherr Erich Mielke ließ 1974 auf dem Anwesen im großen Stil die Hochzeit seines Sohnes feiern. Erst im Verlauf des Herbstes 1989 konnten die Einwohner von Schönwalde den einstigen Ausflugsort wieder in Augenschein nehmen.

Aber auch schon vor der Inbesitznahme durch die Staatssicherheit hatte das Anwesen eine wechselvolle Geschichte. Der Berliner Unternehmer Adolf Friedrich Wollank baute das im 18. Jahrhundert errichtete Palais ab 1894 zum neobarocken Herrensitz aus.

Die prachtvolle Parkanlage krönte ein schwimmender Palast im Stil des Taj Mahal. 1929 erwarb der englische Industrielle Harry Goodwin Hart das Anwesen. In Dammsmühle feierten Prominente aus Wirtschaft und Filmgeschäft

Schloss Dammsmühle am Mühlenteich, rechts der Mühlenbecker See, 2017

rauschende Feste, bis die Nationalsozialisten an die Macht kamen. Hart musste aufgrund der jüdischen Herkunft seiner Frau 1938 in die Schweiz flüchten und das Schloss 1940 weit unter Wert verkaufen. Es wurde Heinrich Himmler übereignet und bis zum Kriegsende von der SS genutzt, die hier zeitweilig auch 25 Häftlinge aus dem Konzentrationslager Sachsenhausen für Bau- und Instandhaltungsarbeiten einsetzte.
1945 zog die Rote Armee ein, der das Schloss zunächst als Lazarett und später als Offizierscasino diente. Bereits in der unmittelbaren Nachkriegszeit bemühten sich die Erben von Harry Goodwin Hart vergeblich um eine Rückübertragung des Anwesens. Sie erfolgte erst 1997 durch das Amt für offene Vermögensfragen. Nach 1989 erlebte das Schloss wechselnde Nutzungen als Hotel, Ausflugslokal und Ort für Open Air Konzerte. Bekanntheit erlangte es als Filmkulisse für die ARD-Erfolgsserie »Ein Haus am See« von 1992 mit Hildegard Knef. Nach mehreren Eigentümerwechseln und erfolglosen Versuchen der Wiederbelebung verfielen das leerstehende Gebäude und die Parkanlage zusehends. Im Herbst 2017 erwarben Berliner Unternehmer das Objekt und planen dort einen Hotelbetrieb mit gehobener Gastronomie.

25 Zentrales Aufnahmeheim der DDR / Seniorenzentrum Eichenhof

Schönerlinder Straße 11
16341 Panketal OT Röntgental

Ein altes Heizwerk und die kläglichen Reste eines Stacheldrahtzaunes lassen den heutigen Besucher noch spüren, dass das derzeitige Seniorenzentrum Eichenhof ursprünglich einem anderen Zweck diente. Für die Unterbringung von Menschen, die in die DDR übersiedeln wollten, wurden während der gesamten DDR-Zeit insgesamt 17 Aufnahmelager errichtet. Die Beweggründe der sogenannten Neubürger waren sehr unterschiedlich. Die Bandbreite reichte von Rückkehrern, die nach einer vorherigen Übersiedlung keinen Anschluss in der Bundesrepublik gefunden hatten, über Rentner, die zu ihren Kindern ziehen wollten, bis hin zu Straftätern aus der Bundesrepublik, die sich mit einer Flucht in die DDR der Strafverfolgung entziehen wollten.
Neben den zeitweilig bestehenden Auffanglagern in den Bezirken der DDR fungierte das knapp 3 Hektar große und abgeschirmte Areal in Röntgental vor den Toren Berlins schließlich als Zentrales Aufnahmeheim (ZAH) der DDR. Die Einrichtung unterstand dem Ministerium des Inneren. In dem Hauptgebäude fanden zwischen 1979 und 1990 bis zu maximal 117 Menschen gleichzeitig eine vorübergehende Bleibe. Der Aufenthalt, der teilweise mehrere Monate dauern konnte, diente auch ausführlichen Sicherheitsüberprüfungen. Die Übersiedler wurden intensiv durch offene und verdeckte Mitarbeiter des Ministeriums für Staatssicherheit sowie der Polizei befragt, da man unter ihnen feindliche Spione der westlichen Geheimdienste vermutete. Daher blieb auch etwa einem Drittel der Antragsteller eine Übersiedlung in die DDR verwehrt. Doch auch eine erfolgreiche Einbürgerung in das Land war häufig mit Auflagen sowie weiteren Kontrollen durch verschiedene Überwachungsorgane der DDR verbunden. Neben den Befragungen diente das Aufnahmeheim zugleich dazu, die übersiedlungswilligen Personen auf das Leben in der DDR vorzubereiten und mit den politischen und gesellschaftlichen Verhältnissen vertraut zu machen. Daher war der Alltag durch kulturelle und sportliche Veranstaltungen geprägt.
Das Areal des ehemaligen Zentralen Aufnahmeheims wurde schon kurze Zeit nach der deutschen Einheit in ein Seniorenpflegeheim umwandelt. Bis auf die wenigen baulichen Spuren erinnert heute nichts mehr an die ursprüngliche Nutzung.

MILITÄRISCHE LIEGENSCHAFTEN IN BRANDENBURG

Durch die Nähe zur Hauptstadt der DDR fiel die Wahl für militärisch genutzte Standorte relativ häufig auf die Bezirke Potsdam oder Frankfurt (Oder). Die Gegend östlich Berlins geriet dabei mehrfach in den Blick, da westlich Berlins die drei Luftkorridore – die für den westalliierten Luftverkehr reserviert blieben – auch regelmäßig für Aufklärungsflüge benutzt werden konnten. Doch auch schon in der Zeit des Nationalsozialismus war die Standortwahl neuer militärischer Einheiten durch die Nähe zu Berlin häufig auf Brandenburg gefallen. Daher befinden sich viele wichtige militärische Liegenschaften der Nationalen Volksarmee, der Gruppe der sowjetischen Streitkräfte in Deutschland und des Ministeriums für Staatssicherheit in einem groben Halbkreis zwischen der östlichen Stadtgrenze Berlins und der Oder. Durch die Lage inmitten Europas und an der direkten Nahtstelle beider politischen Systeme war die DDR innerhalb des östlichen Verteidigungsbündnisses das Land mit dem dichtesten Netz an Anlagen der Luftraumüberwachung und Sicherung. Das heutige Bundesland Brandenburg gilt als die Region in Deutschland mit den meisten Hinterlassenschaften des DDR-Militärsystems.

Die einstigen Sperrgebiete dürfen größtenteils wegen der Verseuchung mit Munition und Altlasten, aber auch wegen des oftmals ruinösen Zustandes der Bauten noch immer nicht betreten werden. Allein Brandenburg übernahm 1994 rund 100 000 Hektar ehemals militärisch genutzter Fläche vom Bund. In diesen seit Jahrzehnten abgeschirmten Arealen eroberte sich die Natur einen besonderen Lebensraum zurück, dort leben inzwischen zahlreiche bedrohte Tierarten. Darüber hinaus werden große Teile der einstigen riesigen Militärflächen inzwischen für erneuerbare Energiekraftwerke genutzt.

Die folgende Übersicht verzeichnet in alphabetischer Ortsreihenfolge die interessantesten und mehr oder weniger touristisch erschlossenen ehemaligen militärischen oder geheimdienstlichen Liegenschaften. Einige Anlagen können im Rahmen von Führungen besichtigt werden.

Bad Saarow: Zentraler Gefechtsstand 14 (ZGS14) / Bunker Fuchsbau
Am Fuchsbau 8a, 15526 Bad Saarow; www.bunkermuseum-fuchsbau.de

Beelitz: Militärhospital der WGT / Baumkronenpfad Beelitz »Baum & Zeit«
Straße nach Fichtenwalde 13, 14547 Beelitz; www.baumundzeit.de

Biesenthal: Führungsbunker des MfS (17/5005) / Mielke-Bunker
Ruhlsdorfer Straße 60, 16359 Biesenthal

Cottbus: Jagdfliegergeschwader 1 / Flugplatzmuseum Cottbus
Fichtestraße 1, 03046 Cottbus; www.flugplatzmuseumcottbus.de

Falkenhagen: Führungspunkt der GSSD / Ruine
Betonweg, 15306 Falkenhagen (Mark)

Finowfurt: Aerodrom Finow / Luftfahrtmuseum Finowfurt
Museumsstraße 1, 16244 Schorfheide OT Finowfurt; www.luftfahrtmuseum-finowfurt.de

Treppenhaus im Bunker Wollenberg, 2015

Eingangsbereich des Bunkers 17/5001, 2002

Zugangstunnel zum Bunker Garzau, 2015

Besuchergruppe im Bunkermuseum Fuchsbau, 2009

Luftlagekarte im Bunker Kolkwitz, 2012

Garzau: Organisations- und Rechenzentrum (05/206) / Atombunker Garzau
Gladowshöher Straße 3, 15345 Garzau-Garzin OT Garzau; www.bunker-garzau.de

Groß Dölln: Aerodrom Templin / Driving Center Groß Dölln
Zum Flugplatz 8, 17268 Templin OT Groß Dölln; www.drivingcenter.de

Harnekop: Hauptführungsstelle des MfNV (16/102) / Atombunker Harnekop
Lindenallee 1, 16269 Prötzel

Jüterbog: GSSD-Garnison Jüterbog / Museum im Mönchenkloster
Mönchenkirchplatz 4, 14913 Jüterbog; www.jueterbog.eu

Kolkwitz: Gefechtsstand der 1. Luftverteidigungsdivision / Militärhistorisches Museum
Am Technologiepark, 03099 Kolkwitz; www.kolkwitzerbunker.de

Kummersdorf: GSSD-Garnison Kummersdorf / Historisch-Technisches Museum – Versuchsstelle Kummersdorf
Konsumstraße 5, 15838 Am Mellensee OT Kummersdorf; www.museum-kummersdorf.de

Kunersdorf: Funksendezentrale (17/448) / Fernmeldebunker Kunersdorf
Waldweg 2, 16269 Bliesdorf OT Kunersdorf; www.bunker-kunersdorf.de

Lieberose: GSSD-Truppenübungsplatz Lieberose / Sukzessionspark
Bundesstraße 168, 15868 Lieberose; www.stiftung-nlb.de

Lychen: Kernwaffen-Lager der GSSD (Lychen II) / Informationstafel
Weinbergstraße, 17279 Lychen

Niedergörsdorf: GSSD-Jagdfliegerbasis Altes Lager / Ruine
Kastanienallee, 14913 Niedergörsdorf

Sperenberg: Aerodrom Sperenberg / Konversionsobjekt
Puschkinstraße, 15838 Am Mellensee OT Sperenberg; www.museum-kummersdorf.de

Vogelsang: Garnison der WGT Vogelsang / Konversionsobjekt
Bundestraße 109, 16792 Zehdenick OT Vogelsang

Wandlitz: Hauptführungsstelle des NVR (17/5001) / Museum im Aufbau
Ützdorfer Straße 10, 16348 Wandlitz OT Prenden; www.bunker-5001.de

Welzow: Aerodrom Welzow / Flugplatz mit Flugplatzmuseum
Spremberger Str. 67a, 03119 Welzow; www.flugplatz-welzow.de

Wittstock: Truppenübungsplatz der WGT / Sielmanns Naturlandschaft Kyritz-Ruppiner Heide
Wittstocker Straße, 16909 Wittstock / Dosse OT Schweinrich; www.kyritz-ruppiner-heide.de

Wollenberg: Troposphärenfunkzentrale 301 / Militärhistorisches Sonderobjekt 301 Wollenberg
Sternkrug 4, 16259 Höhenland OT Wollenberg; www.bunker-wollenberg.eu

Wünsdorf: Hauptquartier der GSSD / Bücher- und Bunkerstadt
Gutenbergstraße 1, 15806 Zossen OT Wünsdorf; www.buecherstadt.com

Wustermark: Olympisches Dorf / Sowjetische Garnison
Rosa-Luxemburg-Allee 70, 14641 Wustermark OT Elstal; www.dkb-stiftung.de

26 Jugendwerkhof Hennickendorf »Karl Liebknecht« / Ruine

Berliner Straße 32
15378 Hennickendorf

Sogenannte Jugendwerkhöfe dienten im System der Spezialkinderheime der DDR der Unterbringung und Umerziehung von Jugendlichen im Alter zwischen 14 bis 18 Jahren, die nicht in das offizielle Gesellschaftsbild der DDR passten. Der Jugendwerkhof Hennickendorf nahm 1949 seine Arbeit auf. Die Erziehung der Jugendlichen sollte hier auch durch körperlich harte Arbeit im nahen Ziegelwerk zum Erfolg führen. Ein weiterer Jugendwerkhof bestand zwischen 1966 und 1990 nicht weit entfernt beim Tagebau Rüdersdorf, in dem neben den jugendlichen Arbeitskräften auch Strafgefangene zum Einsatz kamen. Insgesamt verfügte das Land Ende der 1980er Jahre über rund 30 Einrichtungen dieser Art, in denen etwa 3300 Personen zeitgleich untergebracht werden konnten. Der Aufenthalt in den Jugendwerkhöfen war durch strenge Regeln und schweren körperlichen Einsatz gekennzeichnet. Die Jugendlichen waren zudem häufig Schikanen und Misshandlungen durch die Betreuer ausgesetzt. Während ihres Aufenthalts wurden sie von der Außenwelt abgeschirmt. Sie besaßen nur eingeschränkte Rechte und wenig Privatsphäre oder Rückzugsmöglichkeiten. Die Demütigungen und psychischen Misshandlungen der Erzieher wirken bis in die Gegenwart bei vielen ehemaligen Insassen nach. Nach der Schließung des Jugendwerkhofs Hennickendorf wurde auf dem Gelände die Gemeinnützige Gesellschaft für Wohnraumbeschaffung, Instandsetzung, Beschäftigung, Betreuung mbH eingerichtet, die heute Kindern und Jugendlichen sowie deren Familienangehörigen Unterstützung bei der Bewältigung von Lebens- und Erziehungsproblemen bietet. Die Gebäude des einstigen Werkhofes stehen leer. Die Brandenburger Landesbeauftragte zur Aufarbeitung der Folgen der kommunistischen Diktatur in Potsdam bietet eine Anlauf- und Beratungsstelle für die ehemaligen Heimkinder.

27 VEB Rüdersdorfer Kalk-, Zement- und Betonwerk / Museumspark Rüdersdorf

Heinitzstraße 41
15562 Rüdersdorf bei Berlin
www.museumspark.de

Der Kalksteinabbau in Rüdersdorf kann inzwischen auf eine mehr als 760 Jahre andauernde Geschichte zurückblicken. Als elementarer Bestandteil von Zement und weiteren Baustoffen ist Kalkstein

Das einstige Hauptgebäude des Jugendwerkhofes Hennickendorf, 2017

Ruinen des einstigen Industriewerkes am Rande des Tagebaus, 2017

immer noch ein bedeutender Rohstoff für die Bauindustrie. Mit dem 1948 gegründeten VEB Rüdersdorfer Kalk-, Zement- und Betonwerk intensivierte sich der umfangreiche Abbau des Gesteins in Rüdersdorf. Der im benachbarten Zementwerk verarbeitete Kalkstein kam nicht nur in Berlin, sondern auf zahleichen Baustellen im Land zum Einsatz, so auch beim Bau der Berliner Mauer beziehungsweise der innerdeutschen Grenze. Doch auch das intensivierte Wohnungsbauprogramm der 1970er Jahre sorgte für eine stete Nachfrage nach Baustoffen, die allerdings für den privaten Bedarf der Bevölkerung nur unzureichend zur Verfügung standen. Beim kräftezehrenden und umweltbelastenden Abbau kamen über viele Jahrzehnte hinweg auch zahlreiche Strafgefangene und Jugendliche des benachbarten Jugendwerkhofes zum Einsatz. Doch das riesige Areal des Tagebaus verbarg zwischen 1962 und 1979 ein weiteres Geheimnis des Arbeiter- und Bauern-Staates. Ein unterirdischer ehemaliger Kanal am Rande des Geländes diente im Zweiten Weltkrieg bereits als bombensicherer Rüstungsstandort und nach Ende des Krieges als Führungsstelle der Roten Armee.

Wachsoldat oberhalb des Straflagers Rüdersdorf bei Berlin, 1949

Nach der Gründung der NVA 1956 wurde die unterirdische Anlage mit dem Tarnnamen »Traube« zur Hauptführungsstelle des Nationalen Verteidigungsrates der DDR ausgebaut, der hier im Falle einer militärischen Eskalation einen Unterschlupf finden sollte. Durch die notwendige Erweiterung des Tagebaues und den Neubau eines moderneren Bunkers bei Prenden verlor die Anlage jedoch ihren geheimen Status und wurde größtenteils zurückgebaut. Nach dem Verkauf des Werks 1990 an die Readymix-Gruppe (und später an

den mexikanischen Konzern Cemex) setzten die neuen Eigentümer aufgrund der neuen Umweltgesetze entsprechende Schutz- und Modernisierungsmaßnahmen um, so dass sich die Luftqualität der Region erheblich verbesserte. Die Gegend um Rüdersdorf zählte bis dahin zu einer der am stärksten mit Staub belasteten Regionen in der DDR.
Der 1994 eröffnete Museumspark Rüdersdorf dokumentiert auf einem 17 Hektar großen Areal die Geschichte des Kalksteinabbaus der Region. Neben ehemaligen Fahrzeugen können die Besucher zahlreiche historische Bauten wie etwa die erhalten gebliebenen Brennöfen und Transportanlagen besichtigen. Zudem werden Land Rover-Touren durch bestimmte Abschnitte des Tagebaus angeboten.

28 Ministerium für Nationale Verteidigung / von-Hardenberg-Kaserne
Prötzeler Chaussee 25
15344 Strausberg
www.bundeswehr.org

Die alliierten Vorbehaltsrechte sahen nach Ende des Zweiten Weltkrieges einen entmilitarisierten Status Gesamt-Berlins vor. Um keinen Konflikt mit den West-Alliierten zu provozieren, bestimmten daher die DDR-Führung im Januar 1956 Strausberg zum Dienstsitz des Ministeriums für Nationale Verteidigung (MfNV). Doch schon knapp zwei Jahre zuvor hatte die militärische Vorläuferorganisation des MfNV, der Hauptstab der Kasernierten Volkspolizei (KVP), die Kasernenbauten der ehemaligen nationalsozialistischen Navigationsschule am nördlichen Stadtrand von Strausberg bezogen. Die KVP war schrittweise auf Befehl der sowjetischen Militäradministration ab 1948 auf- und ausgebaut worden. Spätestens mit dem Beitritt der DDR zum östlichen Verteidigungsbündnis »Warschauer Pakt« am 14. Mai 1955 wurde jedoch auch die Aufstellung einer regulären nationalen

Lagebesprechung im NVA-Kommando Luftstreitkräfte / Luftverteidigung, 1970

ostdeutschen Armee möglich. Breite Teile der Gesellschaft lehnten die Gründung eigener Streitkräfte jedoch ab. Dass es diese mit der KVP bereits gab, wurde weiter verschleiert. Die offizielle Gründung der Nationalen Volksarmee (NVA) erfolgte erst nach dem die Bundesregierung die Aufstellung der Bundeswehr bekannt gegeben hatte. Auf diese Weise konnte die SED-Führung die Gründung der Armee als Antwort auf die Militarisierung der Bundesrepublik darstellen. Faktisch bestand ein Großteil der am 1. März 1956 aufgestellten Einheiten der NVA aus umbenannten Einheiten der KVP. Nur durch die Einführung der allgemeinen Wehrpflicht 1962 wurde die angestrebte Personalstärke von 170 000 Soldaten erreicht. Als westlichster Vorposten des östlichen Verteidigungsbündnisses erhielten die Kräfte der NVA im Vergleich zu den anderen Streitkräften der Warschauer Vertragsstaaten eine modernere technische Ausrüstung. Im Falle einer militärischen Eskalation hätten die Truppen der NVA unter der Führung der Sowjetarmee gekämpft. Doch nicht das Verteidigungsministerium lenkte die Geschicke der Armee, sondern wie in den anderen Bereichen bestimmte das Politbüro des ZK der SED mit seinen Grundsatzentscheidungen auch den Ausbau und den Kurs der NVA.

Bis zur Auflösung der NVA stellten die ostdeutsche Armee und das MfNV die größten Arbeitgeber in Strausberg dar und prägten so nicht nur das Stadtbild, sondern auch das soziale und kulturelle Leben. Mit der Übernahme der verschiedenen Dienststellen durch die Bundeswehr erfolgte nicht nur die Umbenennung in von-Hardenberg-Kaserne, sondern auch eine umfassende Modernisierung und Neugliederung des Standortes, in dem unter anderem das Kommando Heer untergebracht ist.

Im Brecht-Weigel-Haus erinnert eine Gedenkstätte an Leben und Werk von Bertolt Brecht und Helene Weigel, 2017

29 **Brecht-Weigel-Haus**

Bertolt-Brecht-Straße 30
15377 Buckow (Märkische Schweiz)
www.brechtweigelhaus.de

Mitten in den sich Anfang der 1950er Jahre in der DDR zuspitzenden politischen und künstlerischen Debatten um den sogenannten Formalismus suchten Bertolt Brecht und Helene Weigel nach einem Rückzugsort in der Umgebung von Berlin, um dort ungestört arbeiten und sich erholen zu können. Mit dem am östlichen Ufer des Schermützelsees in der Märkischen Schweiz gelegenen Anwesen des 1943 verstorbenen Berliner Bildhauers Gerhard Roch fanden die beiden ein geeignetes Refugium. Sie nutzen es ab 1952 vor allem während der Sommermonate.

Das elegante Landhaus, die »Eiserne Villa«, bot ausreichend Platz für Bibliothek und Gästezimmer. Hier richtete sich Helene Weigel ein, während Brecht das Gartenhaus bevorzugte, in das er sich jederzeit zum Arbeiten zurückziehen konnte. An der langen Tafel in der Atelierhalle des Haupthauses empfingen beide regelmäßig befreundete Regisseure, Schauspieler, Musiker und Schriftsteller zu ausgedehnten Gesprächen. Zum Ort und seinen Bewohnern

Lesung im Brecht-Weigel-Haus in Buckow anlässlich der Eröffnung am 1. Juni 1977, von rechts: Ekkehard Schall, Manfred Wekwerth, Jutta Hoffmann und Willi Schwabe

gab es hingegen kaum Kontakte, und auch die Buckower beäugten das privilegierte Künstlerpaar und seine Gäste mit kritischer Distanz.
Neben der Arbeit an neuen Stücken schrieb Brecht in Buckow zahlreiche Gedichte. Darin verwob er Naturbetrachtungen mit Reflexionen über die dramatischen politischen Entwicklungen, etwa um den Aufstand vom 17. Juni 1953. Die 1953 entstandenen »Buckower Elegien« spiegeln Brechts kritisches Nachdenken über die Bewertung der Ereignisse, das in jenen vielzitierten Zeilen aus »Die Lösung« mündete: »Wäre es da nicht doch einfacher, die Regierung löste das Volk auf und wählte ein anderes?«
Nach dem Tod von Brecht im Jahre 1956 nutzte Helene Weigel den gemeinsamen Sommersitz bis zu ihrem Lebensende 1971 weiter. Seit 1977 dient das »Brecht-Weigel-Haus« als Gedenkstätte. Mit zahlreichen originalen Einrichtungsgegenständen, Dokumenten, Bühnenbildmodellen, dem berühmten Planwagen und Kostümen zu Brechts Theaterstück »Mutter Courage und ihre Kinder« wird im Haus das Leben und Werk des Dramatikers und Lyrikers sowie der Schauspielerin dokumentiert. In der Gedenkstätte finden regelmäßig Veranstaltungen und wechselnde Ausstellungen statt. Im nahegelegenen Waldsieversdorf befindet sich das ehemalige Sommerhaus von John Heartfield. Der Fotomontagekünstler hatte sich dort ab 1957 auf Anraten seines Freundes Bertolt Brecht niedergelassen, für dessen Stücke er Bühnenbilder entworfen hatte. Um den geplanten Neubau eines Besucherzentrums auf dem denkmalgeschützten Anwesen kam es 2017 zu heftigen öffentlichen Auseinandersetzungen.

30 Filmmuseum »Kinder von Golzow«

Hauptstraße 16
15328 Golzow
www.kinder-von-golzow.de

»Ort der Kinder von Golzow« – dieser offizielle Zusatz befindet sich seit 2014 auf den Ortseingangsschildern der Oderbruchgemeinde Golzow. Deutlicher lässt sich kaum belegen, wie eine 1961 im Jahr des Mauerbaus begonnene und über das Ende der DDR hinausreichende filmische Langzeitdokumentation die Identität und das Selbstbewusstsein der Gemeinde und ihrer Bewohner geprägt hat.
»Die Kinder von Golzow« sind jedoch nicht nur zu einem Markenzeichen des Ortes geworden und haben ihn in aller Welt bekannt gemacht, das Filmprojekt von Barbara und Winfried Junge wurde auch zu einem international anerkann-

Der einstige Schneideraum im heutigen Filmmuseum Golzow, 2017

Der Bahnhof Küstrin-Kietz, 1991

ten und vielfach preisgekrönten Meilenstein des DDR-Dokumentarfilms. Die Dokumentation mit 20 Filmen und einem riesigen Archiv an Filmmaterial im Hintergrund geriet für die beiden Filmemacher zur Lebensaufgabe.

Ein solches Langzeitprojekt zu beginnen war die Idee des Altmeisters des Dokumentarfilms der DDR, Karl Gass. Den Schauplatz und Drehort, eine neueröffnete Schule für die Kinder des Ortes Golzow und der umliegenden Dörfer im Oderbruch empfahl der Schulrat des Bezirkes Frankfurt (Oder). Hier war es möglich, eine Landschulklasse von der Einschulung bis zur zehnten Klasse sowie deren weiteren Werdegang filmisch zu dokumentieren. Das Projekt war einem politischen Auftrag verpflichtet: Es sollte das Aufwachsen einer jungen Generation auf dem Land unter den Bedingungen des Sozialismus und die damit verbundenen Bildungs- und Entwicklungsmöglichkeiten für die dort lebenden Menschen dokumentieren. Das durch den Krieg und die Jahrhundertflut von 1947 gebeutelte Oderbruch bot sich dafür besonders an.

Gerade durch seine Lebensnähe wurde aus dem Projekt jedoch ein einzigartiges, weit über seine Zeit hinauswirkendes, zeitgeschichtliches Dokument. Die Filme behandelten ihre Protagonisten nicht einfach als Projektionsfläche der gesellschaftlichen Verhältnisse, sondern nahmen sie als Persönlichkeiten ernst. Damit unterlief das Vorhaben seinen ursprünglichen politischen Auftrag. Der Unabweisbarkeit seines dokumentarischen Blicks mussten sich schließlich auch die Auftraggeber beugen.

Die Geschichte des Filmprojekts dokumentiert ausführlich ein den »Kindern von Golzow« gewidmetes Museum im Ort. Es bietet darüber hinaus Einblick in die Lebenswege der 1961 eingeschulten Kinder, die 2007 zum Ende des Projekts zu Großeltern geworden waren und die das Ende des Landes erlebt hatten. Ein Granitstein in der Mitte des Ortes nennt vier wichtige Daten in der Geschichte von Golzow: die erste Erwähnung von 1308, den Dorfbrand von 1740, die Gründung der LPG 1951 und den Beginn der Dreharbeiten für die »Kinder von Golzow« 1961.

31 Grenzbahnhof und Garnison Küstrin-Kietz

Bahnhofsweg
15328 Küstrin-Kietz
www.küstrin-kietz-online.de

Ein Blick von der Fußgängerbrücke, die als Überführung von der Karl-Marx-Straße in Küstrin-Kietz zum Bahnhof des Ortes dient, lässt die Dimensionen des inzwischen von der Natur zurückeroberten ehemaligen Güterbahnhofs erahnen. Reste der Anfang der 1990er Jahre abgebauten Bahntrassen, leerstehende Eisenbahnerwohnungen, eine verwaiste Halle der Zollabfertigung, Teile von Signalanlagen und ein altes Stellwerk verweisen auf die Geschichte von Küstrin-Kietz als wichtigem Grenzbahnhof der DDR. Hier an der Grenze zur Volksrepublik Polen wurde seit Anfang der 1950er Jahre ein großer Teil des Güterverkehrs zwischen der DDR und der Sowjetunion abgefertigt. Für Personenzüge hingegen war in Küstrin-Kietz Endstation. An der Friedensgrenze zum befreundeten Polen gab es keinen Grenzverkehr für die Menschen beiderseits der Oder, lediglich die ostdeutschen Eisenbahner arbeiteten mit ihren polnischen Kollegen in Kostrzyn zusammen.

Der Güterbahnhof mit seinen zeitweise bis zu 250 Beschäftigten prägte den Ort, der bis 1945 als Vorstadt zur Festungsstadt Küstrin gehört hatte. Durch die Vereinbarungen des Potsdamer Abkommens zur Oder-Neiße-Grenze war das im Krieg vollständig zerstörte Küstrin an Polen gefallen und die ehemalige westlich der Oder gelegene Vorstadt gehörte ab 1949 zur DDR.

Die nun selbständige Gemeinde Kietz wurde 1954 auf Initiative der SED in »Friedensfelde« umbenannt. Die Namensänderung bestand jedoch nur wenige Monate, da sie auf den Widerstand der örtlichen Bevölkerung stieß. Der Grenzbahnhof und die Einwohner standen unter der verstärkten Kontrolle von Volkspolizei, Zoll und Staatssicherheit. Wegen der sowjetischen Militärtransporte interessierte sich auch die westliche Militärspionage für die Bahnhofsanlagen. Auf der nahegelegenen Oderinsel befand sich zudem ein militärisches Sperrgebiet. In den dortigen alten Artilleriekasernen der Wehrmacht war bis zum Abzug der russischen Truppen aus Deutschland eine Brückenbau-Pioniereinheit der sowjetischen Streitkräfte stationiert.

Mit hohen Erwartungen und vielen Hoffnungen verbanden die Kietzer 1992 die Öffnung der Grenze zu Polen und die damit gewonnene Freizügigkeit.

Als Bahnstandort büßte Küstrin-Kietz jedoch in den 1990er Jahren mit der Stilllegung des Güterbahnhofs seine bisherige Bedeutung ein. Die unter Denkmalschutz stehenden Kasernenanlagen auf der Oderinsel stehen ebenso leer wie viele der alten Gebäude auf dem Bahngelände und verfallen allmählich.

32 Gedenk- und Dokumentationsstätte »Opfer politischer Gewaltherrschaft 1933 – 1989«

Collegienstraße 10
15230 Frankfurt (Oder)
www.museum-viadrina.de/museum/gedenkstatte/

Das Ministerium für Staatssicherheit (MfS) verfügte über ein eigenes, von den Strafanstalten der DDR unabhängiges System von Untersuchungshaftanstalten. In diesen konnte das MfS die Gefangenen mit seinen eigenen Methoden behandeln. Charakteristisch waren Isolation, Verhöre durch MfS-Mitarbeiter und fehlender Rechtsbeistand. Jede Bezirksverwaltung des MfS unterhielt ihr eigenes Untersuchungsgefängnis – so auch die in Frankfurt (Oder).

Bereits seit 1812 befand sich an dem Ort der heutigen Gedenk- und Dokumentationsstätte ein Gefängnis. In der NS-Zeit waren hier unter der Leitung der Geheimen Staatspolizei (Gestapo) politische Gegner des Regimes, aber auch als »Asoziale« oder wegen ihrer Homosexualität Verfolgte inhaftiert.

Nach dem Ende des Zweiten Weltkriegs wurde das Gefängnis zunächst von sowjetischen Sicherheitsorganen als Internierungsort genutzt. Ab 1950 diente es dem MfS als Untersuchungsgefängnis. Inhaftiert waren politische Gegner oder Personen, die als solche verdächtigt

wurden. 1969 zog das MfS in ein anderes Gebäude um und überließ das alte Gefängnis der Volkspolizei. Sowohl in der NS-Zeit als auch in den Jahren zwischen 1950 und 1952 wurden an diesem Ort auch Hinrichtungen mit dem Fallbeil durchgeführt.
1990 ist das Gefängnis geschlossen worden. Vertreter verschiedener Bürgervertretungen sprachen sich am sogenannten Runden Tisch für die Umwandlung des Gebäudes in eine Gedenkstätte aus. 1994 konnte die Gedenk- und Dokumentationsstätte in einem Teil des früheren Gefängnisses eröffnet werden.

Erhaltener Zellentrakt in der heutigen Gedenkstätte in Frankfurt, 2017

Seitdem informiert eine Ausstellung über die Internierungspraxis und die Strafverfolgung sowohl in der NS-Diktatur als auch in der sowjetischen Besatzungszeit und der DDR. 2004 übernahm die Behörde des Bundesbeauftragten für die Unterlagen der Staatssicherheit (BStU) die Gedenkstätte. Seit 2006 werden in der Ausstellung »Eingesperrt ... Untersuchungshaft bei der Staatssicherheit in Frankfurt (Oder)« mittels zahlreicher Texte, Fotos und Dokumente die Einzelschicksale ehemaliger Häftlinge aus der Region dokumentiert und die Haftgründe sowie die Haftbedingungen in der Stasi-Untersuchungshaftanstalt erklärt.

33 Dokumentationszentrum »Freiheit für meine Akte«, Außenstelle des Bundesbeauftragten für die Stasi-Unterlagen Frankfurt (Oder)

Fürstenwalder Poststraße 87
15234 Frankfurt (Oder)
www.bstu.bund.de/DE/InDerRegion/Frankfurt/Veranstaltungen/Dokumentationszentrum/_node.html

Der Bundesbeauftragte für die Unterlagen des Staatssicherheitsdienstes der ehemaligen Deutschen Demokratischen Republik (BStU), so der offizielle Name der Stasi-Unterlagenbehörde, hat seinen Sitz in Berlin-Lichtenberg und verwaltet dort die rund 111 Kilometer Aktenmaterial, mehr als 1,8 Millionen Fotos, 2866 Filme und Videos sowie ca. 23 700 Tondokumente, die das DDR-Ministerium für Staatssicherheit hinterlassen hat. Hier und in zwölf Außenstellen des BStU können Betroffene seit 1990 »ihre« Akte einsehen und auf diese Weise erfahren, ob und wie die Staatssicherheit in ihr Leben eingegriffen hat. Vier Außenstellen bieten zudem noch Informations- und Dokumentationszentren. Eines davon befindet sich in Frankfurt (Oder).
In einem früheren Gebäude der Nationalen Volksarmee der DDR können Bürger aus der Region Akteneinsicht

Außenstelle der Behörde für die Stasi-Unterlagen Frankfurt (Oder), 2018

nehmen oder sich über die Aktivitäten der Staatssicherheit im Bezirk Frankfurt (Oder) informieren. In den Ausstellungen »Freiheit für meine Akte« und »Täuschen und Vertuschen« werden sowohl die Personen in den Blick genommen, die für Bespitzelung und Unterdrückung verantwortlich waren, als auch die Menschen, die darunter gelitten haben. Neben Texten und Fotos zeigt die Ausstellung Kopien verschiedener Überwachungsakten sowie Schulungs- und Observationsfilme der Stasi. Darüber hinaus wird geschildert, wie die Stasi den in die DDR geflohenen Terroristen der Roten Armee Fraktion (RAF) half, sich zu verstecken und eine neue Identität anzunehmen.

Blick aus dem polnischen Słubice auf Frankfurt (Oder) mit der Brücke der Freundschaft und dem Oderturm, 1977

34 Brücke der Freundschaft / Stadtbrücke

Slubicer Straße / Bundesstraße 5
15230 Frankfurt (Oder)

Die Stadt Frankfurt (Oder) erlebte erst Mitte April 1945 mit dem Vormarsch der Roten Armee in Richtung Berlin den wahren Schrecken des Krieges. In den Wochen zuvor läuteten die zu Hunderttausenden durchziehenden Flüchtlinge aus den evakuierten Ostgebieten das Ende des Dritten Reiches ein. Um den sowjetischen Vormarsch zu verzögern, wurde die Sprengung aller Oderbrücken der Region angeordnet und letztlich auch hier in Frankfurt (Oder) am 19. April 1945 ausgeführt. Nach dem Ende der Kriegshandlungen war mehr als 90 Prozent der Innenstadt von Frankfurt (Oder) zerstört. Doch nur wenige Tage nach der deutschen Kapitulation konnten die beiden Oderseiten wieder durch eine provisorische Brücke miteinander verbunden werden. Der in den 1950er Jahren erfolgte Wiederaufbau der Stadt folgte den Leitlinien des sozialistischen Städtebaus in der DDR. Neben neuen Wohnsiedlungen und den zugehörigen sozialen Bauten zählten auch modernen Freizeit- und Einkaufsmöglichkeiten im Bereich der Altstadt, die neugestaltete Uferpromenade und das 25-geschossige Hochhaus als städtebauliche Höhendominante zu den wichtigsten Projekten der neuen Grenzstadt. Der Turm war Bürogebäude und Wohnquartier für Beschäftigte des Halbleiterwerks und diente als Jugendtourist-Hotel.

1952 wurde auch das 1945 errichtete Provisorium – die nunmehr als »Brücke der Freundschaft« bezeichnete Straßenverbindung – zwischen der DDR und der Volksrepublik Polen erneuert. Die Brücke fungierte als Grenzübergang zwischen beiden Ländern, aber durfte nur mit einer Sondergenehmigung benutzt werden. Eine Lockerung trat erst mit dem Inkrafttreten des Abkommens über den pass- und visafreien grenzüberschreitenden Verkehr am 1. Januar 1972 zwischen beiden Ländern ein. Für den Grenzübertritt reichte nun die Vorlage eines gültigen Personalausweises. In der Zeit der polnischen

Sommerliche Badefreuden am Helenesee, 1980

Solidarnoćś-Bewegung hob die DDR die Reisefreiheit in Richtung Polen zum 30. Oktober 1981 aus Angst vor einem Überschwappen der Oppositionsbewegung wieder auf. Die Brücke trennte erneut die Menschen in den offiziell miteinander befreundeten Ländern. Eine neuerliche Öffnung erfolgte erst 1991 nach der deutschen Vereinigung mit der Einführung des visafreien Grenzverkehrs zwischen der Bundesrepublik Deutschland und der Republik Polen. Das inzwischen als Oderturm bezeichnete Hochhaus gilt nach seiner umfassenden Sanierung in den 1990er Jahren mit seiner angeschlossenen Einkaufspassage als eines der weithin sichtbaren Wahrzeichen der Stadt. Die 2002 erneuerte Stadtbrücke ist heute eine wichtige Lebensader für den Warenverkehr und die vielen Berufspendler zwischen Deutschland und Polen sowie für Ausflügler und Touristen, die die beiden Städte Frankfurt und Słubice an der Oder besuchen.

35 Naherholungsgebiet Helenesee

Am Helenesee
15623 Frankfurt (Oder)
www.helenesee.de

Kilometerlanger Sandstrand, himmelblaues Wasser, zahllose Urlauber inmitten von Strandkörben, Bungalowreihen und ein Meer von Zelten verstreut im Kiefernwald – die DDR-Postkarten vom Naherholungsgebiet »Helene-See« verströmten Ostsee-Flair. Verschickt wurden sie jedoch aus der Nähe von Frankfurt (Oder), von der »kleinen Ostsee«, wie der sich über 220 Hektar erstreckende Helenesee mit seinem klaren Wasser gern genannt wird.
Ein Sommerurlaub am Strand rangierte

in der Wunschliste der meisten DDR-Bürger ganz weit oben, die Zahl der verfügbaren Plätze an der Ostsee deckte bei weitem nicht den Bedarf. Insofern ist es nicht erstaunlich, dass sich das am Helenesee geschaffene Erholungsgebiet schnell zu einem der beliebtesten Urlaubsziele weit über Brandenburg hinaus entwickelte.
Bis 1958 wurde auf dem zum Grubengelände Finkenheerd gehörenden Areal noch Braunkohle abgebaut, dann musste der Tagebau aufgrund von Wassereinbrüchen geschlossenen werden. Es entstand ein künstlicher See mit einer Tiefe bis zu 56 Metern, der von der Kohlegrube den Namen Helene übernahm. An seinem Ufer entwickelte sich in der Folgezeit ein ausgedehntes Erholungsgebiet mit Textil- und FKK-Strand, einem Bungalowdorf, einem Zeltplatz, Sportanlagen, einer Uferterrasse und Versorgungseinrichtungen für die wachsende Zahl der Urlauber. Wegen seiner guten Wasserqualität und der Bodenbeschaffenheit zog der See seit jeher auch Sporttaucher an.
An seiner Beliebtheit bei Einheimischen und Urlaubern hat der Helenesee auch nach dem Ende der DDR nichts eingebüßt. Unter wechselnden Betreibern behielt der Ferienpark lange Zeit noch das Flair eines DDR-Urlaubsortes bei, denn große Teile der Anlagen mit den typischen Bungalows wurden weiter genutzt. Gleichzeitig waren die Spuren des allmählichen Verfalls nicht zu übersehen.
Neben den Ferien- und Badegästen zieht der See inzwischen mit dem Helene Beach Festival jeden Sommer Zehntausende junger Leute an, die dort ein Programm mit zahlreichen Liveacts von Rock bis Hip Hop erwartet. Seit 2012 versucht ein neuer Betreiber das Freizeit- und Urlaubsareal deutlich zu beleben.

Süd-Brandenburg

Oder-Spree – Dahme-Spreewald / Teltow-Fläming – Cottbus – Spree-Neiße / Oberspreewald-Lausitz / Elbe-Elster – Potsdam – Potsdam-Mittelmark – Brandenburg / Havel

1 Sozialistische Planstadt Eisenhüttenstadt / Dokumentationszentrum Alltagskultur der DDR

Erich-Weinert-Allee 3
15890 Eisenhüttenstadt
www.alltagskultur-ddr.de
www.museum-eisenhuettenstadt.de

Im Juli 1950 beschloss die Sozialistische Einheitspartei Deutschlands (SED) auf ihrem III. Parteitag den Aufbau eines Eisenhüttenkombinats Ost (EKO) nahe der Stadt Fürstenberg und unmittelbar an der Oder. Für die Arbeiter des Werks wurde unweit des Kombinats »auf der grünen Wiese« eine Wohnstadt geplant. Die Bauarbeiten begannen 1951. Entsprechend sozialistischer Planungen und den »16 Grundsätzen des Städtebaus« erhielt die Stadt Wohnhäuser mit begrünten Innenhöfen, ein Kulturhaus als Zentrum, ein Rathaus, Kindergärten, Schulen und Sportplätze, ein Hotel und eine Magistrale, an der sich die Geschäfte sowie öffentliche Plätze für Versammlungen befanden. Privateigentum und individuelle Bauten waren nicht vorgesehen. Grund und Boden wurden für den Aufbau enteignet. Die »Wohnstadt des Eisenhüttenkombinats«, wie die Stadt zunächst hieß, erhielt 1953 den Ehrennamen »Stalinstadt«. Dieser wurde im November 1961 im Zuge der Zusammenlegung mit

▲▲ Propagandistisches Foto vom Einzug einer Arbeiterfamilie in Eisenhüttenstadt, 1954
▲ Hochöfen des Eisenhüttenkombinats Ost in Eisenhüttenstadt, 1954
◄ Die 2,5 Meter hohe Bronzefigur eines Sowjetsoldaten von Lew Kerbel in Seelow, 2017

Ausstellung im Dokumentationszentrum Alltagskultur der DDR, 2017

Fürstenberg (Oder) und Schönfließ in Eisenhüttenstadt umgewandelt. Die ab 1952 errichteten Wohngebäude entstanden im Stil des sozialistischen Neoklassizismus, ebenso wie die gleichzeitig erbauten Gebäude in der Berliner Stalinallee (heute Karl-Marx-Allee). Der Aufbau der »ersten sozialistischen Stadt Deutschlands« galt als Vorzeigeprojekt der DDR.
Bis zu deren Ende wohnten mehr als 50 000 Menschen in Eisenhüttenstadt. Nach 1990 wurde auch das Eisenhüttenkombinat privatisiert und umgebaut. Drei Viertel der Mitarbeiter verloren ihren Arbeitsplatz. Die Einwohnerzahl reduzierte sich in Folge dessen deutlich und liegt derzeit bei etwa 30 000.
Der historische Stadtkern aus den 1950er Jahren wurde zum größten Flächendenkmal Deutschlands. In einer der ehemaligen Kinderkrippen der Planstadt entstand 1994 das Dokumentationszentrum Alltagskultur der DDR. Bereits das Gebäude selbst ist in seinem typischen Stil der 1950er Jahre und mit dem sich über zwei Etagen erstreckenden Glasmosaik »Aus dem Leben der Kinder« von Walter Womacka ein Museumsobjekt. Darüber hinaus bietet die Dauerausstellung »Alltag: DDR« sowohl Einblicke in die Geschichte der sozialistischen Planstadt als auch in das alltägliche Leben in der DDR. Präsentiert wird eine Vielzahl von privaten Objekten, die nach 1990 zusammen mit ihren Geschichten an das Museum abgegeben wurden.
Die Geschichte der Stadt wird zudem im Städtischen Museum Eisenhüttenstadt erzählt, das sich im Stadtteil Fürstenberg befindet.

2 Kunstarchiv Beeskow

Frankfurter Straße 23
15848 Beeskow
www.kunstarchiv-beeskow.de

Mit dem Ende der DDR lösten sich auch die meisten ihrer Institutionen auf. Damit waren plötzlich zahlreiche Kunstwerke herrenlos, die bis 1989 von den Parteien und Massenorganisationen sowie staatlichen Institutionen in Auftrag gegeben worden waren. Sie gehörten zur Ausstattung von öffentlichen Gebäuden, Schulungsheimen, Erholungszentren, Geschäftsstellen oder Gästehäusern. Das weitere Schicksal dieser Werke gestaltete sich sehr unterschiedlich. Zunächst wurden sie als »Sondervermögen« von der Treuhand verwaltet, gingen ab 1994 dann aber nach dem Fundortprinzip in das Eigentum der einzelnen Länder über. Ein Teil von ihnen gelangte an bestehende Museen und Kunstsammlungen. Der größte Teil der Werke aus Berlin, Brandenburg und Mecklenburg-Vorpommern fand in dem auf Initiative des letzten Kulturministers der DDR Herbert Schirmer gegründeten »Dokumentationszentrum Kunst in der DDR« in Beeskow ein neues Domizil. Das Depot dieses Kunstarchivs beherbergt seitdem mehr als 20000 Gemälde, Grafiken, Zeichnungen, Aquarelle, Fotos und Plastiken. Mit wechselnden Ausstellungen macht das Kunstarchiv seine Bestände öffentlich zugänglich. In den seit den 1990er Jahren einsetzenden heftigen Debatten über die Kunst in der DDR wurden die sogenannte Auftragskunst und damit auch die in Beeskow versammelten Werke immer wieder als ein Beleg für die politische Instrumentalisierung und staatliche Steuerung der DDR-Kunstproduktion herangezogen. Allerdings änderte sich die Praxis der Auftragsvergabe im Laufe der Zeit. Spätestens seit den 1970er Jahren erweiterten sich die Spielräume für die Künstler. Viele interpretierten ihre Aufträge eigenwillig und lösten damit Debatten aus. Daher finden sich im Kunstarchiv auch Arbeiten renommierter Künstler wie etwa von Otto Niemeyer-Holstein, Oskar Nerlinger, Konrad Knebel, Wolfgang Mattheuer, Harald Metzkes, Gabriele Mucchi, Roland Paris, Curt Querner und auch frühe Arbeiten von Neo Rauch. Das Kunstarchiv beansprucht nicht, die Kunst in der DDR als Ganzes zu repräsentieren. Allein in Brandenburg verfügen das nahegelegene Museum Junge Kunst in Frankfurt / Oder und das Kunstmuseum Dieselkraftwerk Cottbus, die 2017 zum Brandenburgischen Landesmuseum für moderne Kunst fusioniert wurden, über repräsentative Sammlungen zur Kunst in der DDR.

Museum Junge Kunst
Carl-Philipp-Emanuel-Bach-Straße 11
15230 Frankfurt (Oder)
www.museum-junge-kunst.de

Kunstmuseum Dieselkraftwerk Cottbus
Uferstraße / Am Amtsteich 15
03046 Cottbus
www.museum-dkw.de

Das Depot des Kunstarchivs Beeskow, 2010. Im Vordergrund das Bild »Brigade« von Dieter Rex (1971)

SOWJETISCHE SPEZIALLAGER

Zum Ende des Krieges richtete die sowjetische Besatzungsmacht mehrere sogenannte Speziallager auf deutschem Boden ein. Teilweise wurden dafür ehemalige NS-Lager umfunktioniert, teilweise wurden aber auch einfach leerstehende Bauernhöfe oder Wohnsiedlungen eingezäunt und zu provisorischen Lagern erklärt. Interniert wurden sowohl Zivilisten als auch ehemalige Wehrmachtssoldaten. Ihnen wurden NS-Verbrechen oder Widerstand gegen die Besatzungsmacht vorgeworfen. In den Lagern fehlte es nicht nur an Platz, sondern vor allem an Essen, medizinischer Versorgung und sanitären Anlagen. Die Häftlinge sollten hier nur kurzzeitig unterkommen, um anschließend ggf. in die Sowjetunion deportiert zu werden. Viele starben jedoch bereits vor Ort aufgrund der schlechten Haftbedingungen. Die Toten wurden in Massengräbern anonym begraben.
Die Lager in Ketschendorf, Jamlitz oder Mühlberg wurden 1947 / 48 aufgelöst und die verbliebenen Häftlinge zum Beispiel nach (→ S. 15) Sachsenhausen oder Buchenwald gebracht. In der DDR wurde über die sowjetischen Internierungslager öffentlich nicht gesprochen. Eine gezielte Suche nach den Massengräbern fand nicht statt. Bei Bauarbeiten wurden jedoch in einem an Ketschendorf angrenzenden Waldstück 1952 etwa 4500 Leichen entdeckt und auf den (→ S. 74) Waldfriedhof in Halbe überführt. Dort wurden sie anonym in 26 Sammelgrabstellen beigesetzt und als Kriegsopfer ausgegeben. Weder von der sowjetischen Besatzungsmacht noch von der ostdeutschen Verwaltung erhielten die Angehörigen Auskunft über den Verbleib ihrer Verwandten.
Erst 1990 gründeten die Überlebenden der Speziallager sogenannte Initiativgruppen. Auf ihr Engagement ist es zurückzuführen, dass öffentliche Gedenkfeiern für die Toten der Lager stattfinden, Gräber gesucht und offizielle Gedenkorte eingerichtet wurden. Auf dem Waldfriedhof in Halbe wurden ein Gedenkstein sowie Steintafeln mit den Namen von 4620 in Ketschendorf Verstorbenen aufgestellt. An den Gedenkorten der früheren Lager erinnern heute Informationstafeln an ihre Geschichte und die ihrer Opfer.

Erinnerungsort für die Opfer des Speziallagers Nr. 1 Mühlberg / Elbe, 2015

Gedenkort für die Opfer des Speziallagers Nr. 1 Mühlberg / Elbe
Gedenkstätte Mühlberg, 04931 Mühlberg / Elbe; www.lager-muehlberg.de

Gedenkort für die Opfer des Speziallagers Nr. 5 in Ketschendorf / Fürstenwalde
Platz des Gedenkens, 15517 Fürstenwalde; www.orte-der-repression.de/einrichtung.php?id=61

Gedenkort für die Opfer des Speziallagers Nr. 6 Jamlitz-Lieberose
Freiluftausstellung, Kiefernweg, 15868 Jamlitz; www.die-lager-jamlitz.de

Gedenkort für die Opfer des Speziallagers Nr. 7 Weesow
16356 Werneuchen-Weesow; www.orte-der-repression.de/einrichtung.php?id=80

Gedenkort für die Opfer des Speziallagers Nr. 5 Ketschendorf / Fürstenwalde, 2017

»Neue Siedlung« auf dem Gelände des einstigen KZ und späteren sowjetischen Speziallagers Nr. 6 Jamlitz-Lieberose, 1991

Informationstafel im Bereich der Massengräber des Speziallagers Nr. 6 Jamlitz-Lieberose, 2017

Trainingsvorbereitungen der Fußball-Juniorenmannschaft der DDR in Kienbaum, 1961

Die unterirdische Trainingshalle in Kienbaum, 2017

3 Trainingsstätte des Deutschen Turn- und Sportbundes / Olympisches und Paraolympisches Trainingszentrum für Deutschland

Puschkinstraße 2
15537 Grünheide (Mark) OT Kienbaum
www.kienbaum-sport.de

Die Förderung des Breiten- und Leistungssportes war in der DDR ein wichtiges Anliegen des Staates. Sportliche Höchstleistungen sollten die Überlegenheit des sozialistischen Systems weltweit demonstrieren. Dieses ehrgeizige Ziel führte aber nicht nur zu einem staatlich verordneten Dopingprogramm, sondern auch zum Aufbau hervorragend ausgestatteter Sportanlagen für die eigenen Spitzenathleten. Dazu zählen unter anderen die ab dem Sommer 1952 errichteten Trainingsstätten des Deutschen Turn- und Sportbundes (DTSB) in Kienbaum. Die Massenorganisation mit rund 3,7 Millionen Mitgliedern koordinierte den gesamten Breiten- und Leistungssport der DDR. Der Komplex in Kienbaum galt kurze Zeit nach der Inbetriebnahme mit seinen Turn- und Leichtathletikanlagen, den Sportplätzen, einer Schwimmhalle und mehreren Unterkünften als eine der modernsten Einrichtungen im Land.

Spätestens mit dem Bau einer unterirdischen Höhen- und Unterdruckkammer verfügte die Anlage über eine weltweit einmalige Trainingsmöglichkeit. Hier konnten die Luft- und Temperatursituationen unterschiedlicher Wettkampforte simuliert werden, um die Athleten gezielt auf die jeweiligen Klimabedingungen vorzubereiten – bis zu einer Höhe von 4000 Metern. In einer zweiten unterirdischen Ebene stand ein spezielles Trainingsbecken für die Ruderer zur Verfügung.
Nach der deutschen Vereinigung fiel das Areal in die Verantwortung des neuen Trägervereins Bundesleistungszentrum Kienbaum e.V., der seit 1990 die Liegenschaft wieder zu einer bedeutenden Trainingsstätte des Leistungssportes entwickelte. Die unterirdische Höhenkammer ist erhalten geblieben und kann nach Anmeldung jeden ersten Samstag im Monat besichtigt werden.

4 Robert-Havemann-Klubhaus Grünheide

An der alten Schule 2
15537 Grünheide (Mark)

In der Burgwallstraße 4 in Grünheide wurden der Chemiker, Publizist und prominente Kritiker des SED-Regimes Robert Havemann und seine Frau Katja ab 1976 faktisch unter Hausarrest gestellt. Havemann hatte im November 1976 in einem Appell an Erich Honecker gegen die Ausbürgerung des mit ihm eng befreundeten Liedermachers Wolf Biermann protestiert. Als der Text im Nachrichtenmagazin »Der Spiegel« veröffentlicht wurde, reagierte die Staatsmacht mit massiven Repressalien gegen den damals bereits schwer an Tuberkulose erkrankten Oppositionellen. Gegen Havemann wurden in der Folgezeit mehrere Strafverfahren angestrengt und eine Aufenthaltsbeschränkung ausgesprochen, da man ihn wegen seines Gesundheitszustandes nicht inhaftieren konnte. Das Wohnhaus wurde rund um die Uhr von der Staatssicherheit und der Volkspolizei überwacht und die Straße teilweise abgeriegelt. Freunden und Bekannten, westlichen Journalisten und Diplomaten wurde der Zugang zum Haus verwehrt, weitere Veröffentlichungen im Westen sollten verhindert werden. Die SED-Führung dokumentierte auf diese Weise, welche Angst sie vor dem politischen Einfluss von Havemann hatte, der sich vom Kommunisten, Widerstandskämpfer und Parteimitglied zum scharfen Kritiker der SED entwickelt hatte und für die Opposition in der DDR zu einer Vaterfigur geworden war.
Bereits Anfang der 1960er Jahre war Havemann aufgrund einer Vorlesungs-

Das Klubhaus in Grünheide, Erinnerungsort für Robert Havemann, 2017

Die als Museum genutzten Gebäude des einstigen Senders Königs Wusterhausen, 2006

reihe an der Humboldt-Universität, in der er dogmatische Tendenzen in der marxistischen Philosophie kritisiert hatte, in politische Ungnade gefallen. Er wurde 1964 aus der SED ausgeschlossen, verlor seinen Lehrauftrag, und gegen ihn wurde ein Berufsverbot verhängt. In der Folgezeit äußerte er sich in seinen Publikationen immer wieder kritisch gegenüber der SED. Trotz massiver Einschüchterungen durch die Staatsmacht und die Staatssicherheit erlebten die Havemanns in Grünheide auch Unterstützung und Solidarität seitens der Dorfbewohner. In dem nach Havemanns Tod weiter von seiner Frau Katja bewohnten Haus gründete sich am 8./9. September 1989 die Bürgerbewegung Neues Forum. Nach seiner posthumen politischen Rehabilitierung 1989 wurde Robert Havemann 1999 zum Ehrenbürger des Ortes ernannt. Das in der alten Schule des Ortes eingerichtete Klubhaus trägt heute seinen Namen. Es beherbergt eine Heimatstube, in der auch an den Namensgeber erinnert wird und bietet Platz für Vereine sowie Kulturveranstaltungen.

5 Sender Königs Wusterhausen / Sender- und Funktechnikmuseum

Funkerberg 20
15711 Königs Wusterhausen
www.museum.funkerberg.de

Die ab 1919 umfangreich ausgebaute Sendeanlage auf dem heute als Funkerberg bezeichneten Hügel nördlich der Stadt Königs Wusterhausen gilt als eine der ersten Sendeeinrichtungen in Deutschland. Nach 1933 übernahmen die Nationalsozialisten auch die Oberaufsicht über den deutschen Rundfunk und nutzten das damals moderne Medium für ihre Propaganda. Die Gebäude und die technische Infrastruktur überstanden den Zweiten Weltkrieg nahezu unversehrt. Die ursprünglichen Sendeanlagen auf dem Funkerberg wurden demontiert und als Reparationsleistungen in die Sowjetunion gebracht. Anschließend erfolgte der Wiederaufbau des Senderbetriebes zuerst für militärische Zwecke im Haus 1. Nachdem im November 1945 die Ausstrahlung des Berliner Rundfunks über Kurzwelle möglich wurde, erfolgte im Sommer 1946 im Haus 3 die Inbetriebnahme eines 100-Kilowatt-Langwellensenders. Die Sowjets hielten nach Ende des Zweiten Weltkrieges das in West-Berlin gelegene Funkhaus in der Masurenallee besetzt und kontrollierten so zusammen mit dem ebenfalls besetzten Mittelwellensender Tegel den Rundfunk der Region. Da die Sowjetische Militäradministration SMAD den Westalliierten eine Mitbenutzung untersagten, führte dies 1946 zur Gründung des DIAS (Drahtfunk im amerikanischen Sektor), der ab 1950 sein Programm nun unter der Bezeichnung RIAS (Rundfunk im amerikanischen Sektor) auch über UKW verbreiten konnte. Im zuspitzenden

Konflikt des Kalten Krieges arbeiteten die Sowjets nicht nur daran, ein eigenes Funkhaus in Ost-Berlin zu errichten, sondern auch an der Versetzung des 1932 / 33 in Tegel in Betrieb genommene 100-Kilowatt-Mittelwellensender. Dieser wurde in Tegel im Dezember 1948 demontiert und nach wenigen Wochen in Königs Wusterhausen im Haus 2 im März 1949 wieder in Betrieb genommen. Am 7. Oktober 1949 erfolgte mit Hilfe des nunmehr als Mittelwellensender 21 bezeichneten Senders auch die weltweite Übertragung der Nachricht von der Gründung der DDR. Der »Sender 21« verblieb bis 1989 im durchgehenden Betrieb und steht heute unter Denkmalschutz. Wenige Jahre nach der deutschen Vereinigung wurde 1995 der Sendebetrieb auf dem Funkerberg vollständig eingestellt. Seitdem informiert ein Museum über die Geschichte dieses Standortes.

6 IFA-Automobilwerke / Stadt- und Technikmuseum Ludwigsfelde

Am Bahnhof 2
14974 Ludwigsfelde
www.museum-ludwigsfelde.de

Ein durchaus beachtenswertes Kapitel der Geschichte des Automobilbaus in der DDR verbindet sich mit dem Namen Ludwigsfelde und dem im dortigen Werk für Nutzfahrzeuge über Jahrzehnte produzierten Lkws vom Typ W50. Die robusten Lastkraftwagen mit dem markanten kastenförmigen Fahrerhaus waren überall im Straßenbild der DDR präsent, ob auf dem Bau, in der Landwirtschaft oder beim Militär. Sie entwickelten sich zu einem Exportschlager der DDR, fuhren nicht nur in vielen sozialistischen Ländern, sondern waren auch auf den Straßen in Asien, Afrika und Lateinamerika anzutreffen.

Der 1962 vom Ministerrat der DDR beschlossene Aufbau einer Lkw-Produktion in Ludwigsfelde war die bis dahin größte Investition im Fahrzeugbau der DDR. Ab 1936 hatte in Ludwigsfelde ein Tochterunternehmen der Daimler-Benz AG Flugzeugmotoren für den Kriegseinsatz produziert, bis das Werk nach Kriegsende demontiert und gesprengt wurde. Ab 1952 entstand mit den Industriewerken Ludwigsfelde ein völlig neuer Betrieb, in dem zunächst Schiffsmotoren und später die bekannten Motorroller des Typs »Berlin« und »Troll« hergestellt wurden.

Anfang Juli 1965 wurde im VEB IFA-Automobilwerke Ludwigsfelde in einer neu errichteten 400 Meter langen und 180 Meter breiten Produktionshalle mit der Fertigung der Lkw begonnen. Der erste W50 lief am 17. Juli 1965 vom Band und wurde bis 1990 mit

Montageband für den Lkw W50 im IFA-Automobilwerk Ludwigsfelde, 1966

über einer halben Million Fahrzeugen in 60 verschiedenen Grundvarianten und 240 verschiedenen Länderausführungen produziert. Der prosperierende Automobilstandort mit etwa 10 000 Beschäftigten verhalf Ludwigsfelde zum Stadtrecht.
1990 wurde die Produktion des W50 und seines Nachfolgers W60 eingestellt und das VEB IFA-Kombinat Nutzfahrzeuge von der Treuhandanstalt aufgelöst. Das Werk ging an die Daimler-Benz AG, die dort seit 1994 vor allem Transporter produziert. Über die bewegte Geschichte des Industriestandorts informiert anschaulich das Stadt- und Technikmuseum Ludwigsfelde.

Rudi Dutschke als junger Sportler in Luckenwalde, 1956

7 Rudi Dutschke in Luckenwalde / Heimatmuseum Luckenwalde
Markt 11
14943 Luckenwalde
www.luckenwalde.de/Stadt/Kultur/Museen/HeimatMuseum

In der Gerhart-Hauptmann-Oberschule der Stadt Luckenwalde weigerte sich 1958 ein 17-jähriger FDJler, sich kurz vor dem Abitur freiwillig zur Nationalen Volksarmee zu melden. Der junge Mann sollte sich daraufhin vor einer Schulversammlung rechtfertigen. »Warum haben wir vor wenigen Jahren noch als Kinder die Spielzeugwaffen auf den Müll geworfen und sollen jetzt an richtigen Waffen ausgebildet werden?«– begründete er seine pazifistische Haltung und berief sich in seiner Verteidigungsrede auf Heinrich Heine. Die Schüler sollen ihm damals applaudiert haben, die Schulleitung bestrafte ihn mit einer schlechteren Abiturnote und einer Rüge wegen »ungesellschaftlichen Verhaltens«. Ein Studium wurde ihm verwehrt, und er begann eine Lehre in einem Luckenwalder volkseigenen Betrieb für Möbelbeschläge.
Der junge Mann, der in seinem späteren Leben noch viele politische Reden halten sollte und die DDR wenige Tage vor dem Mauerbau in Richtung West-Berlin verließ, war Rudi Dutschke. Der theoretische Kopf und charismatische Anführer der 68er-Studentenbewegung im Westen kam aus dem Osten, was ihm gelegentlich vorgehalten wurde.

Gedenktafel für Rudi Dutschke, 2018

Seine Familie, die er in Luckenwalde zurückließ, mit der er aber durch Briefe und gelegentliche Besuche weiter im Kontakt blieb, erfuhr bis zu dem auf ihn am 11. April 1968 verübten Attentat wenig von seiner politischen Karriere.
Dutschke war 1940 im benachbarten Schönefeld zur Welt gekommen, sein Elternhaus befindet sich in der dortigen Bahnhofstraße 17. In seiner Schulzeit in Luckenwalde betrieb Rudi Dutschke Leistungssport, trainierte für den Zehnkampf und wollte Sportreporter werden. Später, in West-Berlin machte er noch einmal Abitur und studierte Soziologie, bevor er zum politischen Gesicht des Sozialistischen Deutschen Studentenbundes (SDS) und der Außerparlamentarischen Opposition (APO) wurde.
Auch in der Erinnerung an Rudi Dutschke liegen zwischen dem ostdeutschen Luckenwalde und der westlich geprägten Erinnerungskultur der Bundesrepublik Welten. Die Stadt tat sich lange schwer mit ihrem genauso umstrittenen wie berühmten Sohn. Heute hat Dutschke einen festen Platz im Eingangsbereich des Heimatmuseums der Stadt. Neben anderen »Schätzen« der Stadtgeschichte ist dort jener schwarz, braun und olivgrün gestreifte Pullover zu sehen, der zu seinem Markenzeichen auf Meetings, bei Demonstrationen und dem bekannten Fernsehinterview mit Günter Gaus wurde. Auch das Manuskript von Dutschkes Doktorarbeit, seine Lederjacke und sein erster West-Berliner Ausweis befinden sich im Museum. Nach anfänglichem Widerstand von Lehrern und Schülern erinnert inzwischen eine Gedenktafel vor seiner ehemaligen Schule an »den Mitbegründer der '68er Bewegung«. Seit 2008 wird Dutschke auch mit einem »Merkzeichen zur Stadtgeschichte«, einer Stele im Zentrum von Luckenwalde, als eine der wichtigen Persönlichkeiten der Stadt geehrt.

8 Aerodrom Sperenberg / Konversionsobjekt

Puschkinstraße
15838 Am Mellensee OT Kummersdorf
www.museum-kummersdorf.de

Die waldreiche und dünn besiedelte Gegend südlich Berlins ging bereits im 19. Jahrhundert in den Besitz des Militärs über. Es richtete hier mehrere militärische Übungs- und Ausbildungsplätze ein. Der Bau der Königlich Preußischen Militär-Eisenbahn von Berlin nach Jüterbog förderte die weitere intensive militärische Nutzung der Gegend. Aus dem kaiserlichen Schießplatz der Artillerieprüfungskommission in Kummersdorf entstand nach der Machtübernahme

Verladung von Spendengütern in ein Großraumflugzeug in Sperenberg, 1990

Luftaufnahme der verlassenen Garnison Sperenberg, 2017

der Nationalsozialisten 1933 eine moderne Heeresversuchsanstalt, wozu ein Entwicklungs- und Erprobungszentrum für neue Waffensysteme wie etwa Raketenwaffen gehörte.

Nach dem Ende des Zweiten Weltkrieges fiel das gesamte Areal in die Hände der sowjetischen Streitkräfte, die die vorhandenen Bauten für eigene Zwecke weiter nutzten. Auf einem Teil des riesigen Schießplatzgeländes begann 1958 der Bau eines Militärflugplatzes, um den militärischen Luftverkehr des bis dahin mitgenutzten Flugplatzes Schönefeld dorthin zu verlagern. Schönefeld sollte vollends als ziviler Flugplatz für die DDR-Hauptstadt ausgebaut werden. Neben der Stationierung von Aufklärungs- und Verbindungshubschraubern wurden über Sperenberg in den folgenden Jahrzehnten unzählige Transport- und Passagierflüge zwischen der DDR und der Sowjetunion abgewickelt.

So nahm der Platz auch eine besondere Rolle beim Abzug der nunmehr russischen Streitkräfte 1993 / 94 ein. Nach der Flucht Erich Honeckers in das sowjetische Militärlazarett in Beelitz flog er von hier im März 1991 nach Moskau.

Seitdem wurde das weitläufige Areal größtenteils sich selbst überlassen. Der Flugplatz rangierte lange Zeit als alternativer Standort für den neuen Hauptstadtflughafen, bevor sich die Länder Berlin und Brandenburg für den Ausbau des einstigen Zentralflughafens der DDR in Schönefeld entschieden. Der Förderverein Historisch-Technisches Museum – Versuchsstelle Kummersdorf e.V. bietet an ausgesuchten Terminen im Jahr Exkursionen über den einstigen Militärflugplatz und in die benachbarte Kaserne der Eisenbahntruppen an.

9 Hauptquartier der GSSD / Bücher- und Bunkerstadt und Museum »Roter Stern«

Bücher- und Bunkerstadt
Gutenbergstraße 1
15806 Zossen OT Wünsdorf
www.buecherstadt.com

Museum »Roter Stern«
Gutenbergstraße 9
15806 Zossen

Der weitläufige Kasernen- und militärische Ausbildungskomplex südlich von Zossen wurde bereits 1910 für die kaiserlichen Truppen angelegt. Während des Ersten Weltkrieges existierte in Wünsdorf eines der größten Kriegsgefangenenlager in Deutschland, in dem etwa 30 000 muslimische Araber, Afrikaner und Inder interniert waren. Während der Weimarer Republik befand sich in Wünsdorf das Hauptquartier der Reichswehr. Ab März 1935 verlagerten die Nationalsozialisten das Oberkommando des Heeres (OKH) hierhin. In dieser Zeit setzten auch umfangreiche Baumaßnahmen ein, um die Wehrmacht auf einen neuen Krieg vorzubereiten. Neben oberirdischen Kasernenbauten zählten dazu auch unterirdische Gefechts-, Schutz- und Nachrichtenbunker.

Nach dem Ende des Zweiten Weltkrieges begannen 1951/ 52 erneut umfassende Baumaßnahmen, als der Sitz des Oberkommandos der sowjetischen Besatzungstruppen von Potsdam-Babelsberg nach Wünsdorf verlegt wurde. Bis zum Abzug der russischen Streitkräfte im Jahr 1994 verblieb das Oberkommando hier. Mit seinen militärischen Zweckbauten, unterirdischen Gefechtsständen, Versorgungsobjekten

Lenin-Denkmal vor dem »Haus der Offiziere« in Wünsdorf, 2015

Massive Drucktür des unterirdischen Bunkerkomplexes in Wünsdorf, 2006

und den Wohnzonen zählte der Standort mit 50 000 Bewohnern zu den größten Liegenschaften der Sowjetarmee in der DDR. Die Garnison glich einer abgeschirmten Stadt, die nur von den sowjetischen Soldaten und Offizieren, deren Familien und Zivilbeschäftigten betreten werden durfte. Neben den unterschiedlichen militärischen Dienststellen wurden von hier aus auch die mehr als 1500 von der Sowjetunion genutzten Liegenschaften auf dem Gebiet der DDR verwaltet.

Nach 1994 erfolgte die schrittweise Umwandlung in eine rein zivile Anlage. Weite Teile des einstigen Kasernenkomplexes dienen inzwischen als Wohnanlage. Mehrere Museen zur Geschichte der Region und Deutschlands größte Bücherstadt – in der Zehntausende antiquarische Bücher käuflich erworben werden können – laden ganzjährig zu einem Besuch ein. Zum Komplex zählt auch das Museum »Roter Stern«, in der die gesamte Epoche der sowjetischen Stationierung in Ostdeutschland nach dem Zweiten Weltkrieg dargestellt wird. Viele noch nicht nachgenutzte Bauten wie etwa das Gebäudeensemble »Haus der Offiziere« oder die weitläufigen unterirdischen Bunkeranlagen können in Rahmen von Führungen besichtigt werden.

10 Arbeits- und Erholungsstätte für Kulturschaffende / Künstlerhaus Schloss Wiepersdorf

Bettina-von-Arnim-Straße 13
14913 Niederer Fläming
OT Wiepersdorf
www.schloss-wiepersdorf.de

Das aus dem 18. Jahrhundert stammende Schloss Wiepersdorf kann auf eine interessante Kulturgeschichte zurückblicken. 1780 fielen das Anwesen und weitere Ländereien in den Besitz derer von Arnim, die in den kommenden Jahren mehrere bauliche Veränderungen vornehmen ließen. Das Dichterpaar Bettina und Achim von Arnim bezogen

1814 das Familienanwesen. Auch wenn Bettina von Arnim nach einigen Jahren ihren Lebensmittelpunkt wieder nach Berlin verlagerte, blieb Achim von Arnim und verbrachte hier seine restlichen Lebensjahre als Gutsherr und Schriftsteller. Nur durch die räumliche Trennung kam der umfangreiche Briefwechsel – ein wahrer Schatz für die Literaturwissenschaft – zwischen dem Ehepaar zustande. Beide zählen heute zu den bedeutendsten Vertretern der deutschen Romantik.

Bis zum Ende des Zweiten Weltkrieges blieb das Schloss im Besitz der Familie von Arnim. Nach einer kurzen Phase als Sitz der Kommandantur der Roten Armee und Quartier für Flüchtlinge aus den evakuierten Ostgebieten wurde das Schloss mit den zugehörigen Ländereien im Rahmen der Bodenreform enteignet. Bettina Encke von Arnim floh mit weiteren Angehörigen nach Westdeutschland, um einer möglichen Verhaftung als Großgrundbesitzerin zu entgehen. Nur wenige Monate später entschieden mehrere Träger wie etwa der Kulturbund zur demokratischen Erneuerung Deutschlands und die Deutsche Zentralverwaltung für Volksbildung, das Anwesen in einen Schaffens- und Rückzugsort für Schriftsteller und Künstler umzuwandeln. Neben Anna Seghers und Christa Wolf arbeiteten hier in den folgenden Jahrzehnten viele bekannte Kulturschaffende der DDR. Zur Verbesserung der Wohn- und Arbeitssituation erfolgten zwischen 1975 und 1980 umfassende Rekonstruktionsmaßnahmen. Die feierliche Wiedereröffnung des nunmehr als »Arbeits- und Erholungsstätte für Schriftsteller und Künstler Bettina von Arnim« bezeichneten Ensembles erfolgte am 10. Mai 1980 in Anwesenheit des damaligen Ministers für Kultur Hans-Joachim Hoffmann. Der Aufenthalt und die künstlerische Arbeit in Wiepersdorf waren nicht frei von politischer Kontrolle, der sich einzelne Künstler jedoch immer wieder zu entziehen wussten. Das Schloss ist heute in Trägerschaft der Deutschen Stiftung Denkmalschutz, die Künstler aus allen Disziplinen Arbeitsaufenthalte von unterschiedlicher Dauer ermöglicht. Daneben lädt nicht nur der öffentliche Park, sondern auch das Schloss mit seinen zahlreichen Veranstaltungen zu einem Besuch ein.

Wiedereröffnung des Künstlerhauses nach der Rekonstruktion durch DDR-Kulturminister Hans-Joachim Hoffmann (vorn Mitte), 1980

SOWJETISCHE EHRENMÄLER UND SOLDATENFRIEDHÖFE

Über dem sowjetischen Ehrenfriedhof auf dem Areal der Gedenkstätte Seelower Höhen erhebt sich weithin sichtbar auf einem Granitsockel die fast vier Meter hohe Bronzefigur eines Rotarmisten mit umgehängter Maschinenpistole. In der Pose des Siegers richtet er seinen Blick auf das Gefechtsfeld, seine linke Hand berührt einen zerstörten deutschen Panzer. Das von dem sowjetischen Bildhauer Lew Kerbel geschaffene Denkmal erinnert an den Sieg der Truppen der 1. Belorussischen Front in den Kämpfen um die Seelower Höhen, einer für die Berliner Operation entscheidenden und zugleich besonders opferreichen Schlacht auf dem Weg in die deutsche Reichshauptstadt. In dem Ehrenhain unterhalb des Denkmals befinden sich die Gräber von 195 namentlich bekannten, bei den Kämpfen vom 16. bis 19. April gefallenen sowjetischen Soldaten und Offiziere. Auf dem Areal sollen 1945 jedoch mehr als 25 000 gefallene sowjetische Soldaten bestattet worden sein. Die Entscheidung zur Errichtung des Denkmals und des Soldatenfriedhofs wurde von Marshall Georgi Schukow bereits im Mai 1945 getroffen. Eingeweiht wurde die von einer für Denkmalbauten zuständigen Gruppe des sowjetischen Verteidigungsministeriums errichtete Anlage wenige Monate später am 27. November 1945.

Wie in Seelow erinnern in vielen Orten in ganz Brandenburg sowjetische Ehrenmäler und Soldatenfriedhöfe an den Sieg der Roten Armee über Deutschland, die sowjetischen Kriegsopfer und die Befreiung vom Nationalsozialismus. Die meisten von ihnen wurden bereits 1945 auf Befehl der sowjetischen Befehlshaber errichtet. In der Regel befinden sie sich an besonders markanten öffentlichen Plätzen, in Parkanlagen oder auf gut sichtbaren Erhebungen.

Oft wurden sie demonstrativ gegenüber den in vielen Orten vorhandenen Kriegerdenkmälern platziert. In jedem Fall zielte ihre symbolische Botschaft darauf, der deutschen Bevölkerung den heroischen Kampf der Roten Armee vor Augen zu führen und an deren hohe Opferzahl zu erinnern, wobei die Toten häufig namenlos blieben und ihr individuelles Schicksal hinter die politische Botschaft zurücktreten musste. Im Unterschied zu den monumentalen, künstlerisch gestalteten Denkmalanlagen in Seelow, im Berliner Tiergarten, in der Schönholzer Heide sowie im Treptower Park wurden die meisten Ehrenmäler und Ehrenfriedhöfe in Brandenburger Städten und Gemeinden eher schlicht gehalten. Als typische Gestaltungsmerkmale fungierten Obelisken umgeben von uniform gehaltenen Grabsteinreihen oder Grabplatten, der Rote Stern oder das Staatswappen der UdSSR und Inschriften in russischer sowie deutscher Sprache, die den Beitrag der Sowjetunion zur Niederschlagung des Faschismus hervorhoben.

In der DDR waren diese Ehrenmäler und Denkmalanlagen ein fester Bestandteil der offiziellen Erinnerungskultur. Sie wurden regelmäßig von Schulklassen und Pioniergruppen besucht. Jedes Jahr zum 8. Mai, dem »Tag der Befreiung« fanden dort politische Kundgebungen, Gedenkveranstaltungen und Begegnungen mit Kriegsveteranen oder den ansonsten eher von der Bevölkerung abgeschotteten sowjetischen Soldaten statt. Mit ihrem antifaschistischen Selbstverständnis wähnte sich die DDR auf der Seite der historischen Sieger und propagierte ein entsprechendes Bild über den Zweiten Weltkrieg und die Rolle der Sowjetunion. Die widersprüchlichen Erfahrungen der eigenen Bevölkerung mit der sowjetischen Besatzungsmacht wurden indes im Zeichen der »unverbrüchlichen Freundschaft« mit der Sowjetunion kaum thematisiert. Die Begegnung mit der anderen Erfahrungswelt des Krieges weckte aber auch bei vielen Ostdeutschen ehrliche Empathie mit dem Leiden und den Opfern der sowjetischen Seite.

Mit dem Abzug der russischen Soldaten aus Deutschland wurden die bis dahin von der Gruppe der sowjetischen Streitkräfte in Deutschland (GSSD) verwalteten sowjetischen Ehrenmäler und Soldatenfriedhöfe in die Obhut des vereinten Deutschland gegeben, das sich vertraglich zu deren Erhalt und Pflege verpflichtet hat.
Eine gemeinsame Online-Datenbank des Deutsch-Russischen Museums in Berlin-Karlshorst und des Büros für Kriegsgräberfürsorge und Gedenkarbeit der Botschaft der Russischen Föderation dokumentiert mit Fotos und Ortsangaben alle sowjetischen Kriegsgräberstätten in Deutschland (www.sowjetische-memoriale.de)

Altlandsberg: Ehrenfriedhof auf dem Marktplatz
Am Markt, 15345 Altlandsberg

Baruth / Mark: Ehrenmal mit Obelisk, Reliefmauer, Gedenkhalle und zwei T-34 Panzern sowie Ehrenfriedhof mit Einzel- und Gemeinschaftsgräbern
Bundesstraße 96 2, 15837 Baruth

Beelitz: Ehrenfriedhof mit Denkmal
Karl-Liebknecht-Straße / Carl-von-Ossietzky-Straße, 14547 Beelitz

Ehrenmal für die im Zweiten Weltkrieg gefallenen Angehörigen des Medizinischen Dienstes der Roten Armee
Beelitz Heilstätten, 14547 Beelitz

Beeskow: Ehrenfriedhof mit Obelisk
Breitscheidstraße, 15848 Beeskow

Brandenburg / Havel: Obelisk mit Figurengruppe
Steinstraße / Wollenweberstraße, 14776 Brandenburg / Havel

Ehrengrab auf dem Zentralfriedhof Görden
Sophienstraße 52, 14772 Brandenburg / Havel

Panzerehrenmal
Anton-Saefkow-Allee, 14772 Brandenburg / Havel

Buckow (Märkische Schweiz): Obelisk mit Gedenkmauer und Ehrenfriedhof
Lindenstraße 14, 15377 Buckow

Burg (Spreewald): Denkmal zum 30. Jahrestag der Befreiung des Ortes von 1975
An der Post, 03096 Burg (Spreewald)

Cottbus: Ehrenfriedhof mit Obelisk
Nordfriedhof, Nordring / Karlstraße, 03044 Cottbus

Ehrenfriedhof mit Pieta des Dresdner Bildhauers Volker Warnitschke
Südfriedhof, Dresdener Straße, 03050 Cottbus

Dallgow-Döberitz: Ehrenfriedhof mit Ehrenmal nördlich des Gemeindefriedhofs
Hamburger Chaussee (B 5) / Kirschallee, 14624 Dallgow-Döberitz

Döbern: Ehrenfriedhof mit Ehrenmal auf dem Areal des Friedhofs
Friedhofsweg bzw. Waldfriedenstraße, 03159 Döbern

Eberswalde: Sowjetischer Garnisonsfriedhof
Heegermühler Straße, 16225 Eberswalde.

Ehrengrabanlage mit Obelisk und Gemeinschaftsgräbern auf dem Waldfriedhof
Freienwalder Straße, 16225 Eberswalde

Eisenhüttenstadt: Ehrenfriedhof mit Ehrenmal für die sowjetischen Kriegsgefangenen des Stalag III / B Fürstenberg
Platz des Gedenkens, 15890 Eisenhüttenstadt

T-34-Panzer auf dem Ehrenfriedhof bei Baruth, 2009

Sowjetisches Ehrenmal in Frankfurt (Oder), 2017

Sowjetischer Ehrenhain vor dem Schloss Neuhardenberg, 2015

Ehrenmal und Grabstätte für die Gefallenen der Dnepr-Flußbootflotille
Roßplatz, 15890 Eisenhüttenstadt

Elsterwerda: Obelisk mit Sowjetstern und Ehrenfriedhof
nördlich des Bergfriedhofs, Kiesgrubenweg, 04910 Elsterwerda

Erkner: Obelisk und Ehrenfriedhof
Neu Zittauer Straße / Buchhorster Straße (neben dem Schulhof des Gymnasiums), 15537 Erkner

Felixsee OT Reuthen: Ehrenfriedhof
Reuthener Waldstraße, 03130 Felixsee

Finsterwalde: Ehrenfriedhof mit Ehrenmal
Am Wasserturm, 03531 Finsterwalde

Frankfurt (Oder): Ehrenmal mit Rotarmisten und Ehrenfriedhof
Am Anger, 15230 Frankfurt (Oder)

Ehrenfriedhof für sowjetische Zwangsarbeiter mit Gedenkstein
Friedhof, Güldendorfer Straße / Stadtsteig, 15236 Frankfurt (Oder)

Fürstenberg / Havel: Ehrenfriedhof mit Ehrenmal
Parkstraße, 16798 Fürstenberg / Havel

Panzerdenkmal zur Erinnerung an die Befreiung des Konzentrationslagers Ravensbrück
Himmelpforter Landstraße am Eingang der Gedenkstätte Ravensbrück, 16798 Ravensbrück

Fürstenwalde / Spree: Ehrenfriedhof mit Gedenkmauer
Dr.-Wilhelm-Külz-Straße, 15517 Fürstenwalde / Spree

Ehrenfriedhof für im Dienst verunglückte sowjetische Armeeangehörige mit Gedenkstein
Stadtpark, 15517 Fürstenwalde / Spree

Grünheide (Mark): Ehrenfriedhof mit Ehrenmal
an der A 10 Ausfahrt Erkner, Neue Erknerstraße, 15537 Grünheide (Mark)

Jüterbog: Ehrenfriedhof mit Reihengräbern
Am Dammtor, 14913 Jüterbog

Kienitz: Panzer-Denkmal zur Erinnerung an die Befreiung des Ortes von 1970
Dorfmitte Straße der Befreiung, 15324 Kienitz

Küstrin-Kietz (Küstriner Vorland): Obelisk mit Rotarmisten und Ehrenfriedhof
Karl-Marx-Straße, 15328 Küstrin-Kietz

Kyritz: Ehrenfriedhof mit Ehrenmal (Obelisk mit Figur eines Rotarmisten des Dresdner Bildhauers Friedrich Rogge von 1965)
Pritzwalker Straße 4, 16886 Kyritz

Lebus: Obelisk mit Arkadengang und Ehrenfriedhof
seit 1995 zentraler Zubettungsfriedhof für sowjetische Kriegopfer, Schloßberg 16, 15326 Lebus

Luckau: Ehrenfriedhof mit Ehrenmal
Dresdener Straße (B 87), Ortsausgang Richtung Herzberg, 15926 Luckau

Luckenwalde: Ehrenhain und Gedenkstätte für die Opfer des Faschismus
Neue Parkstraße, 14943 Luckenwalde

Ehrenfriedhof mit Reihengräbern auf dem Waldfriedhof
Am Waldfriedhof, 14943 Luckenwalde

Luckenwalde OT Frankenfelde: Ehrenmal für sowjetische Kriegsgefangene des Stalag III A
Zum Stalag-Friedhof, 14943 Luckenwalde

Lübben (Spreewald): Ehrenfriedhof mit Ehrenmal von Herbert Burschilow und Konstantin Heidenreich
Friedensstraße, 15907 Lübben (Spreewald)

Manschnow (Küstriner Vorland): Ehrenfriedhof und Ehrenmal mit Soldatenstatue des Dresdner Bildhauers Friedrich Rogge
Friedensstraße 46a, 15328 Manschnow

Müncheberg: Ehrenmal mit Figur eines sowjetischen Soldaten und Ehrenfriedhof im Schützenpark (Volkshauspark)
Karl-Marx-Straße, 15347 Müncheberg

Neuhardenberg: Ehrenhain im Schloßpark
15320 Neuhardenberg

Neuruppin: Ehrenfriedhof mit Obelisk
Gartenstraße / Altruppiner Allee, 16816 Neuruppin

Perleberg: Obelisk und Ehrenfriedhof mit Reihengräbern
Grahlplatz, 19348 Perleberg

Potsdam: Denkmal mit Soldatenfiguren der verschiedenen Waffengattungen der Roten Armee und Ehrenfriedhof
Bassinplatz, 14467 Potsdam

Sowjetisches Ehrenmal auf den Friedhof in Potsdam, 2015

Prenzlau: Ehrenfriedhof mit Ehrenmal
Stadtpark, Zugang Grabowstraße, 17291 Prenzlau

Rathenow: Ehrenfriedhof mit Obelisk
Ferdinand-Lassalle-Straße, 14712 Rathenow

Reitwein, Ehrenfriedhof mit Ehrenmal in der Ortsmitte
Hathenower Weg, 15328 Reitwein

Schönewalde: Ehrenfriedhof mit Ehrenmal
Wilhelm-Pieck-Straße, 04916 Schönewalde

Seelow: Gedenkstätte und Museum Seelower Höhen
Denkmalsanlage und Ehrenfriedhof, Küstriner Straße 28a, 15306 Seelow, www.gedenkstaette-seelower-hoehen.de

Senftenberg: Ehrenfriedhof
Briesker Straße westlich des Neuen Friedhofs, 01968 Senftenberg

Spremberg: Ehrenfriedhof
Kirschallee, 03130 Spremberg

Ehrenfriedhof mit Ehrenmal Templin: Ehrenfriedhof mit Ehrenmal
Prenzlauer Allee / August-Bebel-Straße, 17268 Templin

Teltow: Obelisk und Ehrenfriedhof auf dem Gelände des Städtischen Friedhofs
Weinbergsweg, 14513 Teltow

Treuenbrietzen: Ehrenhain mit Gräberfeld
Jüterboger Straße, 14929 Treuenbrietzen

Wittstock / Dosse: Ehrenfriedhof auf dem Bahnhofsvorplatz
Am Bahnhof, 16909 Wittstock / Dosse

11 Waldfriedhof Halbe
Am Friedhof 1
15757 Halbe
www.volksbund.de/kriegsgraeber-staette/halbe.html

Ende April 1945 wurde der Ort Halbe südöstlich von Berlin zum Schauplatz der letzten, besonders erbittert geführten Schlacht zwischen der in Richtung Reichshauptstadt vormarschierenden Roten Armee und den sich von der Oder zurückziehenden Truppen der deutschen Wehrmacht. In einem engen Waldgebiet zwischen Halbe und Märkisch Buchholz, dem »Kessel von Halbe«, wurden kurz vor dem Ende des Zweiten Weltkriegs die Reste der 9. Armee der Wehrmacht, Truppen der SS, des Volkssturms, der Hitlerjugend und des Reichsarbeitsdienstes – insgesamt über 150 000 Soldaten – von den sowjetischen Truppen eingeschlossen. Mitten in das Chaos der Kämpfe gerieten Tausende Flüchtlinge, meist Frauen, Kinder und Alte sowie die ortsansässige Zivilbevölkerung. Nach mehreren Ausbruchsversuchen der Wehrmacht und starkem Feuer von allen Seiten boten die Straßen des Ortes ein schauriges Bild: »Ich lief mit vielen anderen zwischen Panzerfahrzeugen um mein Leben durch die von zerschossenen Häusern gesäumten Straßen. Sie waren in mehreren Schichten bedeckt mit Leichen«, erinnert sich ein deutscher Soldat. Zehntausende Tote und Verwundete blieben nach dem Ende der Kämpfe zurück.

Die in der Umgebung von Halbe verstreut liegenden Gräber wurden ab 1951 auf dem Waldfriedhof Halbe zusammengelegt. Er wurde auf Betreiben des Pfarrers Ernst Teichmann gegen den anfänglichen Widerstand lokaler Behörden zu einem Zentralfriedhof ausgebaut und gehört heute zu den größten Kriegsgräberstätten in Deutschland. Dorthin wurden auch mehrere tausend Tote des sowjetischen Internierungslagers in Ketschendorf (→ S. 58) umgebettet. Nach wie vor werden dort im Land Brandenburg aufgefundene Kriegstote begraben. Seit Anfang der 1990er Jahre wurde der Friedhof wiederholt zu einem Aufmarschplatz der rechten Szene, die den Ort am Volkstrauertag für ihr »Heldengedenken« beanspruchte. Dagegen formierte sich zivilgesellschaftlicher Widerstand. Mit einem 2006 vom Brandenburger Landtag verabschiedeten Gesetz wurden solche Aufmärsche verboten. Die Anlage wird seit 2002 vom Volksbund Deutsche Kriegsgräberfürsorge gepflegt, der in der »Alten Schule« in Halbe eine Begegnungs- und Bildungsstätte betreibt und (im Internet) einen Audioguide (zum Rundgang) anbietet. Im Ort und am Zugang zum Friedhof befinden sich Informationsstelen zur Geschichte der Kesselschlacht und zum Waldfriedhof.

Gräberfeld auf dem Waldfriedhof Halbe, 1955

12 Franz Fühmann Literatur- und Begegnungszentrum

Münchehofer Straße 1
15748 Märkisch Buchholz
www.franz-fuehmann-litbeg.de

»Rübezahl in der Garage« mit diesem Titel beschrieb der Schriftsteller Uwe Kolbe in einem Essay die enge Beziehung seines literarischen Mentors Franz Fühmann zu der kleinen brandenburgischen Stadt Märkisch Buchholz. Kolbe spielte damit auf die Herkunft Fühmanns aus dem Isergebirge und dessen kleine Hütte in Märkisch Buchholz an, die mit den Jahren zum eigentlichen Lebens- und Arbeitsmittelpunkt des Schriftstellers wurde. Ein überliefertes Foto zeigt Franz Fühmann in dem nur wenige Quadratmeter großen Schuppen an einem Klapptisch mit Schreibmaschine, umgeben von einem Durcheinander an Bücherstapeln, Manuskriptblättern, übereinander getürmten Kisten und abgestellten Fahrrädern. »Welt habe ich in Märkisch Buchholz mehr als in Berlin«, erklärte Fühmann seinen Rückzug ins Brandenburgische, der zugleich symbolisch für seine wachsende Distanz zum offiziellen Literaturbetrieb und seine Enttäuschung über die politischen Zustände in der DDR stand.

Fühmann spiegelte mit seiner Biografie und seinem literarischen Werk wie kaum ein anderer Schriftsteller in der DDR die Brüche seines Jahrhunderts. Als junger Mann wurde er zum begeisterten Nationalsozialisten und Wehrmachtssoldaten, dessen erste Gedichte Gefallen bei Joseph Goebbels fanden. In der sowjetischen Kriegsgefangenschaft durchlebte er einen Wandlungsprozess hin zum Sozialismus – einen Weg, den er in seinen Werken immer wieder in schonungsloser kritischer Selbstbefragung beschrieben hat. Nach einer anfänglichen Karriere in der Nationaldemokratischen Partei der DDR geriet Fühmann seit den 1970er Jahren immer stärker in Konflikt mit der Kulturpolitik der SED. Er verurteilte die Ausbürgerung Wolf Biermanns, setzte sich für vom Staat gegängelte jüngere Autoren ein, brachte das Werk von Georg Trakl und Sigmund Freud in der DDR heraus, arbeitete mit behinderten Kindern und widmete sich immer wieder der Welt der Sagen, Mythen und Märchen.

In Märkisch Buchholz sah man ihn

Luftbild vom ehemaligen Hubschrauberlandeplatz der sowjetischen Truppen in Lieberose, 2017

Franz Fühmann in seinem Arbeitsraum in der Garage in Märkisch Buchholz, 1970er Jahre

häufig auf der Post, wo ganze Stapel von Briefen und Telegrammen auf ihn warteten, da er eine umfangreiche Korrespondenz führte. Engen Kontakt hielt Fühmann zur Schule im Ort, wo er regelmäßig aus seinen Kinderbüchern und Märchenerzählungen las. Er wurde auf eigenen Wunsch 1984 auf dem Friedhof in Märkisch Buchholz begraben. Die stillgelegte Grundschule des Ortes beherbergt seit 2012 eine Literatur- und Begegnungsstätte, die sich mit einer Ausstellung, Literaturspaziergängen und Veranstaltungen dem Leben und Werk dieses wichtigen Autors widmet. Auf dem Moritzplatz befindet sich seit 2005 eine von dem Bildhauer Werner Stötzer geschaffene Stele zum Gedenken an Franz Fühmann.

13 GSSD-Truppenübungsplatz / Sukzessionspark Lieberose

Bundesstraße 168
15868 Lieberose
www.stiftung-nlb.de
www.lieberoserheide.de

Mit rund 255 Quadratkilometern stellte der Truppenübungsplatz der sowjetischen Streitkräfte auf dem Gebiet der

Lieberoser Heide die größte militärisch genutzte Liegenschaft in der DDR dar. Die Präsenz des Militärs geht aber bereits auf die Waffen-SS zurück, die hier 1942 / 43 auch durch den Einsatz von Zwangsarbeitern den Übungsplatz »Kurmark« bauen ließ. Nach 1945 nutzte die sowjetische Armee das Areal als Übungsgelände mit eigenem Feldflugplatz, einem Luft-Boden-Schießplatz sowie einem Raketen- und Panzerschießplatz. Außerdem errichtete sie mehrere unterirdische Bunkeranlagen. Nach dem Abzug der russischen Streitkräfte 1994 fiel das Gelände zuerst an die Bundeswehr und später an das Land Brandenburg. Die ehemaligen Besatzungstruppen hinterließen ein mit zahlreichen Altlasten und Munition verseuchtes Areal. Durch die konsequente Abriegelung des Sperrgebietes konnten sich hier in den vergangenen Jahrzehnten seltene Tier- und Pflanzenarten ungestört ansiedeln und ihren Lebensraum schrittweise ausbauen. Auf einem Teil des Gebiets wurde inzwischen der Solarpark Lieberose aufgebaut, der mit einer Leistung von 52 Gigawattstunden pro Jahr den Jahresbedarf für knapp 15 000 Haushalte decken kann. Zudem übernahm die Stiftung Naturlandschaften Brandenburg einige Bereiche der eindrucksvollen Heidelandschaft, um der Natur die Chance zu geben, sich ungestört von den Eingriffen des Menschen selbst zu entwickeln. Seit 2015 wird dieser Prozess im sogenannten Sukzessionspark Lieberose auch für Besucher anschaulich nachvollziehbar. Dieser Bereich wurde in der Nähe des ehemaligen Generalshügels – ein Aussichtspunkt zur Beobachtung der militärischen Manöver – aufgebaut und dokumentiert heute, wie sich die Tier- und Pflanzenwelt die einst von den Militärs beherrschte Landschaft wieder zurückerobert. Die Gebäude auf dem Hügel und die historische Treppe stehen inzwischen unter Denkmalschutz. Daneben gibt es einen barrierefreien Rundwanderweg. Auf Anfrage werden Exkursionen für Gruppen angeboten.

14 Wilhelm-Pieck-Denkmal Guben

Klaus-Hermann-Straße
03172 Guben

Sanieren oder Abreißen – diese Frage spaltete 2014 die Stadtverordneten und die Bevölkerung von Guben. Gegenstand einer weit über die Grenzen der Stadt hinaus geführten öffentlichen

Das 2014 sanierte Wilhelm-Pieck-Denkmal in Guben, 2017

Debatte war das Denkmal für Wilhelm Pieck in der Gubener Klaus-Herrmann-Straße. Das auf der Brandenburger Denkmalliste geführte Monument trug deutliche Spuren der Zeit und war sanierungsbedürftig. Auslöser für die Diskussion um das Denkmal waren zunächst die für eine Sanierung veranschlagten relativ hohen Kosten. In den Mittelpunkt der kontrovers geführten Debatte rückte jedoch sehr schnell die grundsätzliche Frage, wie man weiter mit den politischen Denkmälern der DDR umgehen sollte. Nicht weniger strittig war, wie man die Person des mit dem Denkmal geehrten KPD-Vorsitzenden und ersten und einzigen Präsidenten der DDR historisch zu bewerten habe. Für die Stadt Guben hatte diese Frage eine besondere Bedeutung, denn sie trug bis 1990 den Namen von Wilhelm Pieck, und einen entsprechend hohen Stellenwert hatten die Ehrungen für das in der DDR durchaus populäre Staatsoberhaupt in der öffentlichen Erinnerung. Wilhelm Pieck war 1876 in Guben geboren worden, sein mit einer Gedenktafel versehenes Geburtshaus befindet sich im polnischen Gubin. Die Stadt an der Oder war 1945 geteilt worden.
Am 3. Januar 1961 anlässlich des 85. Geburtstages des wenige Monate zuvor verstorbenen Präsidenten wurde Guben der Ehrentitel Wilhelm-Pieck-Stadt verliehen. Zum hundertsten Geburtstag folgte im Januar 1976 das in einem Plattenbauviertel der Stadt errichtete Denkmal.
Für viele Gubener wurde der Umgang mit dem Denkmal zum Symbol für den Umgang mit ihren Lebenserfahrungen in der DDR. Demgegenüber verwiesen die Befürworter eines Abrisses auf die Verstrickung des in der DDR verehrten Sohnes der Stadt in den Stalinismus und betonten seine Rolle bei der Etablierung des SED-Herrschaftssystems. Aus der Sicht der Denkmalpflege handelt es sich bei dem Denkmal um ein erhaltenswertes und künstlerisch durchaus wertvolles Zeugnis der DDR-Gedenkkultur. Im Ergebnis der Debatte setzte sich in der Stadt ein differenzierter Umgang mit dem Denkmal durch:
Seit Dezember 2014 kann man das mit Mitteln der Stadt und des Landes sanierte Denkmal wieder besichtigen. Neben dem Monument informiert jetzt eine Tafel über Wilhelm Pieck, die Geschichte des Denkmals und seine Rolle in der staatlichen Erinnerungskultur der DDR.

15 Jagdfliegergeschwader 1 / Flugplatzmuseum Cottbus

Fichtestraße 1
03046 Cottbus
www.flugplatzmuseumcottbus.de

In den 1930er Jahren wurden unzählige als zivil getarnte Flugplätze auf dem Gebiet des Deutschen Reiches errichtet, um die Rüstungsbeschränkungen der Versailler Verträge zu umgehen.
So auch 1933 am westlichen Stadtrand von Cottbus, wo in der eigens aufgebauten Pilotenschule der Grundstein für die heimliche militärische Aufrüstung im Land gelegt wurde. Als »Fliegerübungsstelle Cottbus des Deutschen Luftsportverbandes« bezeichnet, erhielt die stetig erweiterte Liegenschaft bis 1939 mehrere Flugzeug- und Werfthallen sowie einen eigenen Kasernenkomplex. Der Standort diente neben der später offen gezeigten militärischen Nutzung auch der Rüstungsproduktion von militärischen Fluggeräten. Mehrere tausend Exemplare des Standardjägers der Luftwaffe verließen hier die Werkstätten der Focke-Wulf-Flugzeugwerke.
Nach einer kurzen Nutzungsphase durch die Rote Armee beziehungsweise der sowjetischen Luftstreitkräfte bis 1953 erfolgte hier im Sommer 1952 unter Aufsicht der Sowjets die Aufstellung des 1. Jagdfliegerregiments der Kasernierten Volkspolizei. Cottbus entwickelte sich so zur Keimzelle der ostdeutschen Luftwaffe. Mit der offiziellen Gründung der militärischen Streitkräfte der DDR

Hubschrauber im Flugplatzmuseum Cottbus, 2008

im März 1956 kam es zu weiteren Strukturveränderungen. Dem 1. Jagdfliegerregiment folgte das Jagdfliegergeschwader 1 der Luftstreitkräfte der Nationalen Volksarmee, welches bis 1982 am Standort blieb. Nach zwei Flugzeugabstürzen 1974 / 1975 wurden die geplanten Ausbaupläne beendet und der Platz stattdessen zur Stationierung eines Kampfhubschraubergeschwaders bestimmt.
Nach der deutschen Vereinigung übernahm die Bundeswehr der riesigen Fläche, die sie jedoch nicht weiter nutzte. Seit der Abwicklung des Standortes im Sommer 2003 werden die erhaltenen Bauten in einen Technologie-, Industrie- und Gewerbepark umgewandelt.
Kurz nach 1990 schlossen sich Flugzeugenthusiasten zusammen und initiierten die Gründung eines Museums, welches seit 1994 am südlichen Rand des Flugplatzes die Geschichte des Areals dokumentiert und zahlreiche Fluggeräte präsentiert.

16 Zuchthaus Cottbus / Menschenrechtszentrum Cottbus

Bautzener Straße 140
03050 Cottbus
www.menschenrechtszentrum-cottbus.de

Traurige Bekanntheit erlangte das Gefängnis in Cottbus, als sich am 19. Oktober 1978 der 26-jährige Werner Greifendorf während eines Hofgangs aus Protest gegen seine Inhaftierung nach einem Fluchtversuch in den Westen verbrannte. Obwohl die Staatssicherheit versuchte, den Tod zu vertuschen, gelangten Informationen an westdeutsche Zeitungen, die über den Selbstmord berichteten.
Das Gefängnis konnte zu diesem Zeitpunkt auf eine lange Geschichte zurückblicken. 1860 war es als Zentralgefängnis eröffnet worden, von 1930 bis 1937 diente es als Jugendhaftanstalt, anschließend bis Kriegsende als Frauengefängnis bzw. Frauenzuchthaus. Während des Zweiten Weltkriegs waren hier vor allem Frauen inhaftiert, die wegen offen widerständigen oder politisch abweichenden Verhaltens verurteilt worden waren. Zu ihnen zählten Mitglieder der Widerstandsgruppe »Weiße Rose« in Hamburg sowie Angehörige der Religionsgruppe Zeugen Jehovas. In dem überfüllten Gefängnis unterlagen die Häftlinge der Willkür der Wärter und ihren Misshandlungen.
1945 übernahm zunächst die Stadtverwaltung Cottbus, anschließend die Provinzialregierung Brandenburg das Areal. 1951 wurde das Gefängnis dem Ministerium des Innern der DDR unterstellt. In den 1950er Jahren verbesserte sich zwar die Versorgungslage für die Häftlinge, das Haftregime wurde unter einer neuen Leitung jedoch wesentlich verschärft. Zudem stiegen die Häftlingszah-

Eingangsbereich zur Dauerausstellung im ehemaligen Zuchthaus Cottbus, 2015

len weiter, so dass 1953 ca. 3000 Menschen in Cottbus inhaftiert waren. In den 1960er Jahren sanken die Zahlen wieder auf 500 bis 1000, was der vorgesehenen Kapazität entsprach.
Cottbus galt als Hauptgefängnis für Ausreisewillige, da ein Großteil der Häftlinge wegen der geplanten, unterstützten oder versuchten Flucht in den Westen verurteilt worden war. Sie zählten zu den politischen Gefangenen. Viele von ihnen wurden durch die Bundesregierung freigekauft. Die 1989 noch in Haft befindlichen »Politischen« wurden infolge einer Amnestie zum Ende des Jahres entlassen.
Bis 2002 diente das Gelände bis zum Bau eines neuen Gefängnisses weiter als Justizvollzugsanstalt des Landes Brandenburg. Anschließend stand es leer, bis 2011 der Verein Menschenrechtszentrum Cottbus e.V. das Areal kaufte und in eine Gedenkstätte umwandelte. Die Mitglieder des Vereins sind laut eigenen Angaben zum größten Teil ehemalige politische Häftlinge der DDR. Heute kann sowohl das Außengelände mit verschiedenen Gedenkzeichen als auch ein ehemaliger Zellentrakt mit der Dauerausstellung »Karierte Wolken – politische Haft im Zuchthaus Cottbus 1933 – 1989« besichtigt werden. Diese erzählt die Geschichte der Haftanstalt vor allem anhand von Häftlingsbiografien und Berichten ehemaliger Gefangener. Wechselnde Sonderausstellungen ergänzen das Angebot.

Luftaufnahme des Gefängnisses mitten in einem Cottbusser Wohngebiet, 1987

STÄTTEN DES BRAUNKOHLEABBAUS

Braunkohle diente in der DDR als wichtiger Primärenergieträger, da es so gut wie keine Steilkohlevorkommen gab und das Erdöl nur begrenzt aus der Sowjetunion importiert werden konnte. Daher wurde die Erschließung der rohstoffreichen Böden, vornehmlich im heutigen südöstlichen Brandenburg und nordöstlichen Sachsen, massiv vorangetrieben. Mit einer jährlichen Förderleistung von 300 Millionen Tonnen zum Ende der 1980er Jahre lag die DDR mit an der Weltspitze. Nachdem die Sowjetunion mit der Ölkrise 1973 den Preis für Rohöl auch für die DDR nahezu auf Weltmarktniveau anhob, mussten die Abbaumengen noch einmal erhöht werden. Neue Tagebaue wurden erschlossen und die Förderleistung bestehender Anlagen erheblich gesteigert. Die Kehrseite des Braunkohleabbaus stellte nicht nur die Zerstörung von Flora und Fauna und der gesamten Kulturlandschaft einer Region dar, sondern zeigte sich auch in der Umsiedlung von ganzen Gemeinden und Dörfern. Zudem führte der Abbau und die Veredelung sowie Verstromung zu einer extrem hohen Schadstoffbelastung in den umliegenden Regionen. Das von den Kraftwerken ausgestoßene Schwefeldioxid und der Staub schädigten Mensch und Umwelt nachhaltig.

Nach 1990 wurden zahlreiche Tagebaue und braunkohleverarbeitende Betriebe stillgelegt. Durch die Flutung ehemaliger Gruben und Abbaugebiete entstand nicht nur Europas größte künstliche Wasserlandschaft, sondern auch das viertgrößte Seengebiet in Deutschland. Die Transformation der Landschaft in das Lausitzer Seenland soll zukünftig dem sich entwickelnden Tourismus dienen. Doch noch immer erfolgen durch den andauernden Abbau enorme Eingriff in die Landschaft, auch wenn die heutigen Kraftwerke nicht mehr den Schadstoffausstoß aufweisen wie vor 1989 / 90. Die Verstromung der Braunkohle gilt noch immer als klimaschädlichste Energiegewinnung des Landes. Die Planungen des Bundes sehen bis 2030 den schrittweisen Ausstieg aus der Braunkohle vor. Die Geschichte des Braunkohleabbaus in Brandenburg lässt sich an folgenden Orten besonders gut nachvollziehen:

excursio Besucherzentrum
Heinrich-Heine-Straße 2, 03119 Welzow; www2.bergbautourismus.de

Forst: Archiv verschwundener Orte
Lindenstraße 10 – 12, 03149 Forst; www.archiv-verschwundene-orte.de

Klettwitz: Bergbaumuseum Schacht Klettwitz
Am Hohen Most, 01998 Schipkau

Lichterfeld: Besucherbergwerk Abraumförderbrücke F60
Bergheider Straße 4, 03238 Lichterfeld-Schacksdorf; www.f60.de

Senftenberg: Schloss und Festung Senftenberg (mit Schaubergwerk)
Schlossstraße, 01968 Senftenberg; www.museums-entdecker.de

Spremberg: Kraftwerk Schwarze Pumpe (Infozentrum)
An der Alten Ziegelei 1, 03130 Spremberg; www.leag.de

Uebigau-Wahrenbrück: Brikettfabrik Louise (technisches Denkmal)
Louise 111, 04924 Domsdorf; www.brikettfabrik-louise.de

Länger als der Eifelturm: die Braunkohle-Förderbrücke F60, 2012

Großgerät im Tagebaueinsatz in Welzow, 2012

Weithin sichtbare Kühltürme des Kraftwerks Jänschwalde, 2012

17 Erwin-Strittmatter-Gedenkstätte »Der Laden« Felixsee

Dorfstraße 35
03130 Felixsee OT Bohsdorf
www.strittmatter-verein.de/de/der-verein/der-laden

Ein kleiner Lausitzer Dorfladen nebst Backstube hat sich einen festen Platz in der deutschen Literaturgeschichte erworben. Seine Bekanntheit verdankt das heute als Museum dienende Geschäft in Bohsdorf dem Schriftsteller Erwin Strittmatter und dessen Romantrilogie »Der Laden«. In Strittmatters Romanhandlung bilden der Kolonialwarenladen und die Bäckerei der Familie Matt den Mittelpunkt einer um den Dorfalltag kreisenden Geschichtserzählung, die von der Zeit nach dem Ersten Weltkrieg bis in die frühe DDR reicht. Mit sprachlichen Anklängen an lokale Dialekte und die sorbische Sprache beschreibt der Autor das Heranwachsen und Erwachsenwerden des Sohnes der Familie, Esau Matt. Die Figur des Esau trägt stark autobiographische Züge, wie Strittmatter überhaupt in seine Bücher immer wieder die eigene Familiengeschichte eingewoben hat. Auch der in der Trilogie nach »Bossdom« verlegte Laden ist ein authentischer Teil der Familiengeschichte des Autors. Die Eltern von Erwin Strittmatter erwarben das in der Dorfstraße in Bohsdorf gelegene Haus mit dem kleinen Laden und einer angeschlossenen Backstube 1919 von Verwandten und betrieben den Laden durch alle Wirren der Zeit bis Ende 1949. Große Teile der Ladeneinrichtung und der Backstube sind erhalten geblieben und können seit 1999 besichtigt werden. Überlebt hat auch das ab Oktober 1945 von Erwin Strittmatter geführte Wareneingangsbuch. Eine kleine Ausstellung widmet sich der Familiengeschichte und dem literarischen Werk von Erwin Strittmatter, der in der DDR nicht zuletzt wegen seines unbestechlichen Blicks auf alles Alltägliche zu den beliebtesten Schriftstellern gehörte. Während Strittmatters Werke im vereinten Deutschland eher ein Schattendasein führen, wurde umso heftiger über dessen Biografie gestritten, als bekannt wurde, dass er im Zweiten Weltkrieg bei der Ordnungspolizei eingesetzt und in der DDR von der Staatssicherheit verpflichtet worden war.

18 Gedenk- und Begegnungsstätte Leistikowstraße und Geschichtspfad Geheimdienststadt »Militärstädtchen Nr. 7«

Leistikowstraße 1
14469 Potsdam
www.gedenkstaette-leistikowstrasse.de

In unmittelbarerer Nähe zum Schloss Cecilienhof befindet sich eines der noblen Potsdamer Villenviertel. Zwischen den aufwändig renovierten Häusern sticht jedoch ein auf den ersten Blick ziemlich heruntergekommenes Gebäude hervor: die Leistikowstraße 1. Es diente von 1945 bis Ende der 1980er Jahre der militärischen Spionageabwehr der sowjetischen Streitkräfte in Deutschland als zentrales Durchgangs- und Untersuchungsgefängnis.

Die sowjetische Besatzungsmacht hatte das gesamte Viertel kurz vor Kriegsende beschlagnahmt und hielt es bis 1994 als sogenanntes Militärstädtchen Nr. 7 besetzt. Das Gelände war rundum durch hohe Mauern abgesperrt und nur ausgewählten Personen zugänglich. Die neuen Bewohner bauten das Städtchen zu einer autarken Einheit mit eigenen Geschäften, Hotels, Kasernen, einer Klinik und auch einem Gefängnis aus. Die Bevölkerung Potsdams bekam dies nur noch von außen zu sehen und hielt sich fern.

In dem Haus in der Leistikowstraße 1 waren in den ersten zehn Jahren nach Kriegsende vor allem Deutsche inhaftiert. Ihnen wurden Kriegsverbrechen, Spionage, Sabotage, Terroraktionen oder Widerstand gegen die Besatzungsmacht vorgeworfen. Ab 1955 waren

Literaturdiskussion mit Erwin Strittmatter im Berliner Glühlampenwerk, 1958

Museumsbau der Gedenkstätte Leistikowstraße in Potsdam, 2017

die Häftlinge ausschließlich sowjetische Militärangehörige, die wegen Fahnenflucht, kritischer Meinungsäußerungen oder krimineller Delikte angeklagt waren. Die Haft war durch die kalten und feuchten Räume, schlechte hygienische Verhältnisse und mangelhafte Ernährung geprägt. Die Häftlinge wurden von hier aus zu den Verhören gebracht, in nicht-öffentlichen Verfahren verurteilt und anschließend meistens in sowjetische Gulags deportiert. Zeitweise wurden bis zu 120 Personen in dem Haus festgehalten. Wie viele Menschen insgesamt das Gefängnis durchlaufen haben, ist nicht bekannt.

Nach dem Abzug der russischen Truppen aus Deutschland 1994 wurde das Gebäude an den früheren Besitzer, den Evangelisch-Kirchlichen Hilfsverein, zurückgegeben. Dieser entschied sich, es als Gedenkort zu erhalten und nicht zu renovieren. So sollte ein möglichst authentischer Blick auf die Situation der Gefangenen und die Geschichte der sowjetischen Besatzungsmacht in Deutschland ermöglicht werden.

In der entstandenen Gedenk- und Begegnungsstätte wird heute mit einer Dauerausstellung an die Geschichte des Ortes und seiner Häftlinge erinnert. Zudem erinnern über den Stadtteil verteilt 14 Informationstafeln unter dem Titel »Geschichtspfad Geheimdienststadt Militärstädtchen Nr. 7« an die sowjetische Besetzung.

Innenhof der einstigen Untersuchungshaftanstalt des MfS, 2015

19 Untersuchungsgefängnis des MfS / Gedenkstätte Lindenstraße
Lindenstraße 54
14467 Potsdam
www.gedenkstaette-lindenstrasse.de

Mitten in der Altstadt Potsdams steht in der Lindenstraße ein zweistöckiges barockes Ziegelsteingebäude. Von seinem Stil her passt es sich sehr gut in die Umgebung mit alten Bürgerhäusern ein. Erst auf den zweiten Blick fallen die Gitter an den Fenstern auf. Das Gebäude aus der ersten Hälfte des 18. Jahrhunderts diente zunächst als Sitz des Stadtkommandanten. Anfang des 19. Jahrhunderts fand hier die erste Stadtverordnetenversammlung statt, und das Stadtgericht zog ein. Im frühen 20. Jahrhundert wurde im Hinterhof ein Gefängnis gebaut. Während der NS-Diktatur waren hier politische Häftlinge und während des Kriegs mehr als 800 Zwangsarbeiter inhaftiert. Im Vorderhaus tagte zudem das Erbgesundheitsgericht, das unter anderem für mehr als 3300 Personen die Zwangssterilisation anordnete.
Von 1945 bis 1952 übernahm der sowjetische Geheimdienst NKWD den Gebäudekomplex und nutzte ihn sowohl als Sitz des Militärgerichts als auch als zentrales geheimdienstliches Untersuchungsgefängnis für das Land Brandenburg. Mehrere tausend Menschen wurden hier inhaftiert und zu langjährigen Haftstrafen oder zum Tode verurteilt. Unter ihnen waren sowohl NS-Verbrecher als auch vermeintliche und tatsächliche Gegner des Besatzungsregimes sowie der SED-Herrschaft.
Ende 1952 übernahm die Staatssicherheit der DDR das Gebäude und führte es bis 1989 als Untersuchungshaftanstalt für den Bezirk Potsdam weiter. Im Volksmund erhielt das Haus den Namen »Lindenhotel«. Bis 1989 waren hier fast 7000 Männer und Frauen inhaftiert. Die Mehrheit waren politische Häftlinge.
Mit der am 1. November 1989 wirksam gewordenen DDR-Amnestie für politische Häftlinge endete auch die Zeit der Untersuchungshaftanstalt in der Lindenstraße. Im Januar 1990 zogen die neuen demokratischen Parteien und Bürgerbewegungen in das Vorderhaus ein und wandelten es in ein »Haus der Demokratie« um. 1995 beschloss die Stadt Potsdam, den gesamten Gebäudekomplex in eine Gedenkstätte umzuwandeln. Heute erinnert die Gedenkstätte Lindenstraße mit einer Ausstellung in den historischen Räumen an die Verbrechen der NS-Diktatur, der sowjetischen Besatzungszeit und der DDR, aber auch an die friedliche Revolution von 1989.

20 Sozialistischer Stadtumbau in Potsdam

Breite Straße
14467 Potsdam

Die Stadt Potsdam bezieht ihre Anziehungskraft vor allem aus den vielen landschaftlich reizvoll gelegenen Schlössern, Parkanlagen und Villenvierteln. Als architektonische Wahrzeichen der Stadt gelten das Schloss und der Park Sanssouci, das Neue Palais, das sanierte Holländische Viertel, das malerische Schloss Babelsberg über der Havel, die in neuem Glanz erstrahlenden Villen der Berliner Vorstadt oder der vor dem Verfall gerettete Pfingstberg. Historisierende Neubauten aus jüngster Zeit, allen voran das Potsdamer Stadtschloss oder das Palais Barberini, stehen für eine in Potsdam weit verbreitete Sehnsucht nach der Wiederherstellung der historischen Stadtstrukturen.

Potsdam hat aber auch eine ganze Reihe von sehens- und erhaltenswerten Bauten der sozialistischen Moderne zu bieten, die jedoch in dieser auf die architektonische Pracht von Preußens Arkadien fixierten Sicht oft aus dem Blick geraten. Vielmehr gilt der in der DDR im Zeichen des Sozialismus vollzogene Stadtumbau als ein politisch motivierter Akt, mit dem die historisch gewachsene Stadtstruktur bewusst zerstört worden sei. Der Abriss des Stadtschlosses 1960 und die Sprengung der Ruine der Garnisonkirche 1968 stützen dieses negative Bild, denn beide Gebäude hätten trotz der Kriegsschäden wiederaufgebaut werden können. DDR-Architektur hat zudem einen schlechten Ruf, da sie zumeist mit der monotonen Plattenbauweise sozialistischer Großsiedlungen assoziiert wird. Nach dem britischen Luftangriff auf Potsdam am 14./15. April 1945 und dem Beschuss durch die Rote Armee waren große Teile der historischen Innenstadt von Potsdam zerstört. Neben dem Wiederaufbau ließen sich Stadtplaner und Architekten in der Nachkriegszeit nicht nur in Potsdam von der Idee eines bewussten Bruchs mit dem Alten leiten und setzten sich für eine moderne funktionale Stadtgestaltung ein. In der DDR kam hinzu, dass die SED auch in der Architektur bewusst einen Bruch mit der preußischen Tradition vornahm.

Das stark beschädigte Potsdamer Stadtschloss, 1945

Neben den im Stil der »nationalen Tradition« gehaltenen neuen Wohnblöcken am Platz der Einheit, in der Französischen Straße und in der Zeppelinstraße wurden in den 1950er Jahren mit der Spornstraße und der Saabstraße aber auch einige Straßenzüge der barocken Altstadt wiederaufgebaut. In den 1960er Jahren entstand mit dem Abriss zahlreicher beschädigter historischer Gebäude genügend Raum für den sozialistischen Stadtumbau. Zu den prägenden Bauten dieser Zeit gehören die moderne Laden- und Wohnhauszeile im südlichen Stadtzentrum Am Kanal sowie die an der Alten Fahrt errichteten Wohnblöcke. 1969 wurde mit dem auf dem Areal des Lustgartens gebauten Hochhaus des Interhotels Potsdam (heute Hotel Mercure) ein weithin sichtbares Signal für die Abkehr von der historischen Stadt gesetzt. Auch die großräumige Verkehrsführung von der Langen Brücke über das ehemalige Schlossareal in die Friedrich-Ebert-

▲▲ Gebäude der ehemaligen Fachhochschule Potsdam vor dem Abriss, 2017
▲ Das 2017 geschlossene alte Schwimmbad am Brauhausberg, 2016

Straße und zur Breiten Straße markiert den Bruch mit der Topographie des alten Stadtzentrums. Ganz im Zeichen des Glaubens an den Fortschritt präsentierte sich ab 1971 das teilweise auf der Fläche der abgerissenen Garnisonkirche errichtete Datenverarbeitungszentrum mit dem Mosaik »Der Mensch bezwingt den Kosmos« von Fritz Eisel. Eine Neugestaltung erfuhr auch der Brauhausberg mit der Schwimmhalle (1971) und dem 1977 eröffneten Terrassenrestaurant »Minsk«. Zwischen Altem Markt und Platz der Einheit wurde die Neugestaltung des Potsdamer Stadtzentrums mit dem zwischen 1971 und 1977 entstandenen Gebäudekomplex des Instituts für Lehrerbildung »Karl Liebknecht« (bis 2017 Fachhochschule Potsdam) und der Wissenschaftlichen Allgemeinbibliothek (heute Bildungsforum Potsdam) vorangetrieben. Auch der bereits 1972 fertiggestellte, in zeitgemäßer Plattenbauweise errichtete Wohnkomplex des »Staudenhof« mit seiner Grünanlage war Teil dieser Neugestaltung. Zu den markanten Zeugnissen der DDR-Architektur in der Stadt gehören ebenfalls die Neubebauung großer Teile der zur »sozialistische Magistrale« von Potsdam erhobenen Wilhelm-Külz-Straße (heute Breite Straße) sowie das im Rahmen des Wohnungsbauprogramms der DDR an der Neustädter Havelbucht errichtete Ensemble von Punkthochhäusern und die dazugehörige Gaststätte »Seerose«.

Über den Umgang mit der Architektur der sozialistischen Moderne wird in der Stadt seit geraumer Zeit heftig gestritten. Eine ganze Reihe von DDR-Bauten wie das Fernmeldeamt Am Kanal oder das Haus des Reisens an der Ecke Friedrich-Ebert-Straße /

Yorckstraße wurden bereits abgerissen. Auch der Gebäudekomplex der Fachhochschule verschwindet. Den bereits geplanten Abriss des Hotels Mercure verhinderten Bürgerproteste. Für den Erhalt der Bauten der sozialistischen Moderne als Teil der Architekturgeschichte von Potsdam setzen sich verschiedene Initiativen ein.

21 Potsdam Museum – Forum für Kunst und Geschichte

Am Alten Markt 9
14467 Potsdam
www.potsdam-museum.de

An das historische Ereignis des Mauerfalls 1989 in Potsdam und die Öffnung der Grenze zu West-Berlin erinnert in der Dauerausstellung des Potsdam Museums ein großes, auf dem Kopf stehendes DDR-Emblem. Das Staatswappen hing noch bis Anfang Juni 1990 an einem der beiden, die markanten stählernen Schwingen der Glienicker Brücke (→ S. 95) überspannenden Portalbögen. Ein daneben angebrachtes Foto zeigt, wie Potsdamer Feuerwehrleute das Wappen mit einem Kran demontieren. Es gehört seitdem zur Sammlung des Museums und dokumentiert als Symbol der deutschen Teilung und des Kalten Krieges anschaulich, dass sich die Stadt Potsdam und ihre durch den Austausch von Agenten berühmt gewordene Brücke unmittelbar an der Trennlinie des Ost-West-Konflikts befanden. In einem anderen Bereich der Ausstellung finden sich mehrere großformatige Schautafeln mit Zeichnungen, die sowjetischen Soldaten das militärisch korrekte Exerzieren und Salutieren zeigen sollten. Sie illustrieren, dass Potsdam auch nach dem Ende des Zweiten Weltkriegs eine Garnisonsstadt blieb und die hier stationierten sowjetischen Soldaten und Offiziere zum Stadtbild der sozialistischen Bezirkshauptstadt gehörten. Neben diesen Zeugnissen dokumentieren viele weitere Objekte in der Ausstellung, dass das Museum der Nachkriegsgeschichte der Stadt von der Potsdamer Konferenz im Schloß Cecilienhof (→ S. 92) bis zu den Demonstrationen der wiedererwachten Potsdamer Bürgergesellschaft während der friedlichen Revolution reichlich Platz und Aufmerksamkeit widmet.

Auch in der Sammlung des Potsdam Museums haben das Ende des Krieges 1945 und die sich daran anschließenden gesellschaftlichen Veränderungen in der Stadt ihre Spuren hinterlassen. Während des Bombenangriffs am 14. April 1945 wurden nicht nur das Stadtschloss und große Teile der historischen Innenstadt von Potsdam zerstört, sondern auch große Teile der Sammlungen vernichtet. Im Oktober 1946 konnte die Einrichtung als Potsdamer Heimatmuseum notdürftig wiedereröffnet werden. In der DDR-Zeit war das Bezirksmuseum an wechselnden Standorten in der Stadt untergebracht. Mit der 1976 als Teil des Museums gegründeten Galerie Sozialistische Kunst kamen mehr als 6000 Werke ostdeutscher Künstler vorwiegend aus Potsdam und der Region in das Museum. Inzwischen verfügt das Potsdam Museum wieder über eine bedeutende Sammlung

Außenansicht des Potsdam Museums, 2017

zur Kunst- und Kultur- und Regionalgeschichte des Landes Brandenburg.
Die 2012 wieder in die Mitte der Stadt und damit an ihren historischen Gründungsort zurückgekehrte Einrichtung versteht sich nicht nur als Museum, sondern auch als ein Forum für Politik und Kultur. Mit ihren Veranstaltungen und Sonderausstellungen greift sie in aktuelle Debatten in der Stadtgesellschaft ein.

22 Brauhausberg / Bezirksleitung der SED / Wohnpark (in Planung)

Am Havelblick 5
14473 Potsdam

Weithin sichtbar erhebt sich auf dem Brauhausberg in Potsdam der dunkelrote Backsteinbau der Ende des 19. Jahrhunderts errichteten Reichskriegsschule mit ihrem markanten Turm. Beim genaueren Hinsehen sind an dem Gebäude noch die Umrisse des dort bis 1989 befestigten Emblems der SED zu erkennen. »Kreml« wurde das von der Bezirksleitung der SED genutzte Gebäude deshalb spöttisch von den Potsdamern in Anspielung auf die Moskauer Machtzentrale genannt.
In der Zeit nach dem Ersten Weltkrieg und als Folge des Versailler Vertrages war die ehemalige Kriegsschule zunächst in das Reichs- und Heeresarchiv umgewandelt worden. Unmittelbar nach dem Ende des Zweiten Weltkrieges nutzte die sowjetische Militärkommandantur das während der Bombardierung Potsdams beschädigte Gebäude, bis sie es 1948 an das Land Brandenburg übergab. Für kurze Zeit beherbergte es einzelne Verwaltungen des Finanzministeriums und den Brandenburger Landtag.

Der Brauhausberg, bis 1989 Sitz der SED-Bezirksleitung Potsdam, 2015

Ganz im Zeichen ihres politischen Führungsanspruchs reklamierte die Landesleitung der SED das Gebäude für sich, worauf es 1949 in das Eigentum der Staatspartei überging. Im Zuge der Auflösung der Länder in der DDR und nach der Bildung der Bezirke diente es bis zum Ende der DDR als Sitz der saniert worden war. Hier tagte das Landesparlament und arbeiteten die Fraktionen, bis sie 2013 in das wieder aufgebaute Potsdamer Stadtschloss in die Mitte der Stadt umzogen. Ab 2015 wurde das leerstehende Gebäude für kurze Zeit als Flüchtlingsunterkunft genutzt, seine weitere Zukunft ist ungewiss.

Zufahrt zum Studio Babelsberg, 2004

Bezirksleitung der SED Potsdam. In die Amtszeit von Werner Wittig, der den Posten des 1. Sekretärs der Bezirksleitung Potsdam von 1964 bis zu seinem Tod 1976 innehatte, fiel die Sprengung der Reste der Potsdamer Garnisonkirche, was er auf Anweisung von Walter Ulbricht gegen Widerstände in der Stadt durchsetzte. Mit Günther Jahn folgte ihm ein politisch eher farbloser und stets loyaler Jugendfunktionär auf dem Posten. Jahn hatte von 1967 bis 1973 als Vorgänger von Egon Krenz an der Spitze des Zentralrats der FDJ gestanden. Unter dem wachsenden Druck der Bevölkerungsproteste während des politischen Umbruchs 1989 trat Jahn im November des Jahres von seiner Funktion zurück. Damit endete auch die Herrschaft der SED auf dem Brauhausberg, und das Symbol ihrer Macht wurde abgenommen.
Ab dem 25. September 1991 zog der im Vorjahr frei gewählte Brandenburgische Landtag auf den Brauhausberg, nachdem der Gebäudekomplex umfangreich

23 DEFA-Studio Babelsberg / Studio Babelsberg

August-Bebel-Straße 26–53
14482 Potsdam
www.studiobabelsberg.com
www.defa-stiftung.de/online-ausstellungen

In den Filmstudios in Babelsberg sind in jüngster Zeit erfolgreiche Blockbuster wie »Inglourious Basterds« (2009) oder »Operation Walküre« (2008) gedreht worden. Die Studios erlebten aber in ihrer einhundertjährigen Geschichte neben Höhepunkten auch viele schwierige Zeiten.
1912 wurden die ersten Gebäude auf dem Gelände eingeweiht. Hier produzierte die 1917 gegründete UFA (Universum Film Aktiengesellschaft) ihre Streifen. Der erste Superstar, damals noch des Stummfilms, war Asta Nielsen.
Nach 1933 stand die UFA im Zeichen der NS-Propaganda und produzierte bis zum Kriegsende neben Unterhaltungs- auch zahlreiche Durchhaltefilme.

Ab 1946 wurde in Babelsberg wieder gedreht, nun unter dem Namen DEFA (Deutsche Film Aktiengesellschaft). Einer der ersten inzwischen berühmten Filme, der sich kritisch mit der NS-Vergangenheit auseinandersetzte, war »Die Mörder sind unter uns« (1946). Nach Gründung der DDR wurde die Filmproduktionsgesellschaft verstaatlicht und 1954 dem Ministerium für Kultur zugeordnet, das die Produktionspläne und Filmzulassungen kontrollierte. Das Ministerium hatte ein Einspruchsrecht und begleitete jeden Film von der Stoffentwicklung über den Rohschnitt bis zur Filmabnahme. Um den Nachwuchs für die zentrale Filmproduktionsstätte in der DDR auszubilden, wurde in Babelsberg in den frühen 1950er Jahren die Hochschule für Film und Fernsehen gegründet, die 1985 den Namen des Regisseurs Konrad Wolf erhielt, und noch heute als Filmuniversität Babelsberg aktiv ist.

Die Studios umfassten Ende der 1980er Jahre etwa 46 Hektar und beschäftigten rund 2400 Menschen. Mehr als 1200 Kino- und Fernsehfilme wurden hier gedreht. Über die Grenzen der DDR hinaus bekannte Filme waren »Die Legende von Paul und Paula« (1973) oder die deutsch-tschechische Märchenproduktion »Drei Haselnüsse für Aschenbrödel« (1974).

Nach 1990 sah es zunächst nicht so aus, als könnten sich die Studios auf dem internationalen Markt durchsetzen und an die erfolgreichen früheren Zeiten anknüpfen. Die Anlagen waren veraltet und finanzkräftige Investoren mussten erst gefunden werden.

Die Treuhandanstalt verkaufte die Studios schließlich an eine französische Firma.

Heute ist die Studio Babelsberg AG Eigentümerin. Über die Geschichte der Babelsberger Filmstudios informiert eine ständige Ausstellung im Filmmuseum Potsdam. Der Filmpark Babelsberg ist dagegen vor allem ein Freizeitpark, der Unterhaltung mit Bezügen zu jeweils aktuellen Filmproduktionen bietet. Nach Anmeldung können daneben an Werktagen ausgewählte Bereiche im Rahmen einer geführten Studio-Tour besichtigt werden.

Hofansicht vom Schloss Cecilienhof, 1974

24 Schloss Cecilienhof

Ausstellung zur Potsdamer Konferenz 1945
Im Neuen Garten 11
14469 Potsdam
www.spsg.de/schloesser-gaerten/objekt/schloss-cecilienhof

Nach dem Ende des Zweiten Weltkriegs benötigten die Alliierten einen Ort für ein gemeinsames Gipfeltreffen, um über die Zukunft Deutschlands zu beraten. Die frühere Reichshauptstadt war zu sehr zerstört, um die Regierungsvertreter aus den USA, der UdSSR und Großbritannien angemessen unterzubringen. Einen sicheren und repräsentativen Ort in der Nähe bot das Schloss Cecilienhof in Potsdam. Das Schloss war während des Ersten Weltkriegs als Residenz für den preußischen Thronfolger Wilhelm und seine Frau Cecilie gebaut worden.

Teilnehmer der Potsdamer Konferenz – darunter die führenden Staatsmänner der drei alliierten Mächte UdSSR, Großbritannien und USA, 1945

In der Zwischenkriegszeit hatte es der abgesetzten Hohenzollerndynastie weiter als Familiensitz gedient und war noch bis Kriegsende bewohnt worden. Es lag in der sowjetischen Zone, und die Besatzungsmacht beschlagnahmte sowohl das Schloss als auch für die Delegationen ausgewählte Villen am Griebnitzsee. Als eine der ersten Maßnahmen wurde im Innenhof des Schlosses ein roter Stern aus Geranien gepflanzt, wie er noch heute zu besichtigen ist.

Auf der Potsdamer Konferenz vom 17. Juli bis zum 2. August 1945 berieten der amerikanische Präsident Harry S. Truman, der sowjetische Partei- und Regierungschef Josef W. Stalin sowie der britische Premierminister Winston Churchill bzw. nach dessen Abwahl Clement Attlee über die weitere Behandlung Deutschlands. Sie beschlossen im Potsdamer Abkommen die Demilitarisierung, Denazifizierung, Dezentralisierung und Demokratisierung Deutschlands. Die Umsetzung in den einzelnen Besatzungszonen vollzog sich dann jedoch recht unterschiedlich.

Nach der Konferenz nutzte die sowjetische Besatzungsmacht das Gebäude als Clubhaus für Militärangehörige. 1952 übergab sie es an die Landesregierung Brandenburg, die einen Teil des Gebäudes in eine »Gedenkstätte des Potsdamer Abkommens« umwandelte. Dort wurde vor allem der siegreiche Kampf der Sowjetunion für eine neue und friedliche Weltordnung dokumentiert. 1990 wurde Cecilienhof gemeinsam mit den Potsdamer Schlössern und Parks als Weltkulturerbe anerkannt und ist seitdem Teil der Stiftung Preußische Schlösser und Gärten.

Die historischen Sitzungs- und Arbeitsräume der alliierten Delegationen können ebenso besichtigt werden wie eine Dauerausstellung über die Potsdamer Konferenz, aber auch über die gesamte Geschichte des Schlosses sowie die früher direkt hinter dem Haus verlaufenden Grenzanlagen des Außenrings der Berliner Mauer. Die ehemals von Truman, Churchill und Stalin genutzten Villen am Griebnitzsee sind heute wieder in Privatbesitz.

Daneben ist das Schloss Cecilienhof ein Programmpunkt des museumspädagogischen Angebotes »Ein Tag in Potsdam – Geschichte erleben: Auf den Spuren der DDR«. Informationen gibt es über das Haus der Brandenburgisch-Preußischen Geschichte.

MAUERGEDENKORTE

Im August 1961 riegelte die DDR-Regierung die Grenze zu West-Berlin ab und ließ in den folgenden Jahren ein etwa 155 Kilometer langes Grenzsicherungssystem errichten, das bis 1989 immer weiter ausgebaut und perfektioniert wurde. Über fast 112 Kilometer erstreckte sich der Außenring der Berliner Mauer an der Grenze zum heutigen Land Brandenburg. Zum Schluss bestand die rund um die Uhr von bewaffneten Posten bewachte Grenze aus einer 3,6 Meter hohen Betonmauer sowie einer Hinterlandmauer, Alarmzäunen, Laufanlagen für Wachhunde, Lichttrassen, Kolonnenwegen für motorisierte Streifen und Kfz-Sperrgräben. Die Grenze verlief aber auch durch Gewässer und war dort streckenweise durch Schwimmsperren und Gitternetze gesichert.

Die Siedlungen naher der Grenze mussten entweder den Grenzanlagen weichen oder wurden abgeriegelt. Die Bewohner wurden zwangsweise »umgesiedelt«. Nur politisch zuverlässige Genossen der SED durften im Grenzgebiet wohnen bleiben oder dort hinziehen. Besucher konnten das Gebiet nur mit Sonderausweis oder Passerschein betreten. Die Heilandskirche in Sacrow, die direkt an der Mauer gelegen war, konnten zeitweise nur in Begleitung von Soldaten besucht werden, bis sie ganz für den Gottesdienst geschlossen wurde.

Nach der Öffnung der Berliner Mauer am 9. November 1989 folgte der fast komplette Abbau der Grenzanlagen. Das ungeliebte Bauwerk sollte verschwinden.

Erst nach und nach setzte sich die Idee durch, einige besonders markante Punkte als Gedenk- und Erinnerungsorte zu erhalten. An ihnen wird heute der Mauertoten gedacht und das System der Grenzanlagen dokumentiert.

Erhalten sind Teilstücke des Streckmetallgitterzauns der Grenzanlagen um Berlin, Mauerstücke sowohl der ersten als auch der späteren Mauervarianten, Wachturmfundamte oder auch noch komplette DDR-Grenztürme, in denen heute Ausstellungen zur Grenzgeschichte besichtigt werden können. Auch an früheren Grenzübergangsstellen erinnern Informationstafeln an die Geschichte der deutschen Teilung und ihrer Opfer.

Groß Glienicke, Mauerdenkmal am Glienicker See

Hennigsdorf OT Nieder Neuendorf, DDR-Grenzturm
www.hennigsdorf.de/Stadtleben/Kunst-und-Kultur/Grenzturm-Nieder-Neuendorf

Kleinmachnow, Erinnerungs- und Begegnungsstätte Grenzkontrollpunkt Drewitz-Dreilinden
Albert-Einstein-Ring 45 / Ecke Stahnsdorfer Damm, 14532 Kleinmachnow (Gewerbepark Europarc), www.checkpoint-bravo.de

Potsdam, Glienicker Brücke und Villa Schöningen
www.villa-schoeningen.org

Potsdam, Griebnitzsee – Mauerdenkmal

Potsdam, Heilandskirche Sacrow
Fährstraße, 14469 Potsdam
www.heilandskirche-sacrow.de

Potsdam, Klein Glienicke, Enklave

Potsdam, Mauerradweg
159 km (Teilabschnitt Brandenburg 56 km), www.reiseland-brandenburg.de

Der ehemalige Kontrollpunkt an der Autobahn Drewitz-Dreilinden, 2016

Die Glienicker Brücke zwischen Potsdam und Berlin, 2017

Ehemaliges Kontrollhaus des Grenzübergangs für den Schiffsverkehr am Jungfernsee, 2017

25 Peter-Huchel-Haus

Hubertusweg 41
14552 Michendorf OT Wilhelmshorst
www. peter-huchel-haus.de

Als der Dichter Peter Huchel und seine Frau Monica die zwischen hohen Kiefern gelegene »Villa Hoeft« im Wilhelmshorster Hubertusweg 1951 für sich entdecken und drei Jahre später erwarben, herrschten in der DDR politisch unruhige Zeiten. Deren Auswirkungen bekam der Lyriker Huchel auch am eigenen Leib zu spüren, als ihm im Mai 1953 während einer Moskaureise als Chefredakteur der seit 1949 erscheinenden Kulturzeitschrift »Sinn und Form« gekündigt wurde. Die von der Akademie der Künste der DDR herausgegebene Zeitschrift hatte sich zu einem wichtigen Forum für intellektuelle Debatten entwickelt und veröffentlichte neben literarischen Texten auch philosophische und kulturpolitische Essays sowie Autorengespräche. Wegen ihres liberalen Geistes blieb sie der SED-Führung stets ein Dorn im Auge. Nach dem Volksaufstand vom 17. Juni 1953 wurde die Entlassung Huchels aufgrund einer Intervention des mit dem Dichter befreundeten Bertolt Brecht zurückgenommen.

In Wilhelmshorst gaben sich in der Folgezeit namhafte Autoren – unter ihnen Max Frisch, Heinrich Böll, Ernst Bloch, Hans Mayer, Stephan Hermlin, Hans Henny Jahnn – die Klinke in die Hand und machten das Haus am Hubertusweg zu einem Ort der literarischen Begegnung zwischen Ost und West. Regelmäßiger Gast des Hauses war auch der junge Wolf Biermann, der Huchel neue Lieder und Texte vorstellte.

Die Blütezeit der Zeitschrift währte bis kurz nach dem Mauerbau. 1962 musste Huchel die Chefredaktion erneut aus politischen Gründen abgeben, die ganze Redaktion kündigt daraufhin aus Solidarität mit ihrem Leiter. Für Peter Huchel begann in den folgenden Jahren eine bedrückende Zeit der politischen Gängelung und erzwungenen Isolation. Das Haus, die Telefongespräche und die Post des Ehepaars wurden von der Staatssicherheit überwacht, die den Nachbarn der Huchels als Spitzel anheuerte. Erst 1971 durften Peter und Monica Huchel nach Italien ausreisen, von wo sie später in die Bundesrepublik übersiedelten.

Peter Huchel in Wilhelmshorst, 1969

Seit 1997 ist das ehemalige Wohnhaus ein Museum für den Dichter und ein Ort für literarische Veranstaltungen. Eine Dauerausstellung in den Wohn- und Arbeitsräumen ist dem Leben und Werk von Peter Huchel gewidmet.

26 Militärhospital der Westgruppe der Truppen / Baumkronenpfad Beelitz »Baum & Zeit«

Straße nach Fichtenwalde 13
14547 Beelitz
www.baumundzeit.de

Der Anfang des 20. Jahrhunderts nahe Beelitz eröffnete Heilstättenkomplex entwickelte sich schrittweise zu einer der größten Heilanstalten in Deutschland. Die weitläufige Anlage bestand neben den allgemeinen Funktions- und Wohnbauten des ärztlichen Personals, der Pfleger und Angestellten aus jeweils zwei Sanatorien sowie zwei Lungenheilanstalten, um für eine strikte Geschlechtertrennung Sorge zu tragen. Nach 1945 avancierten die Beelitzer Heilstätten zum größten und wichtigsten Militärkrankenhaus der sowjetischen Streitkräfte außerhalb der UdSSR. Bereits im Ersten und Zweiten Weltkrieg hatten die Anlagen als Lazarett gedient. Daher lag es nahe, die inmitten des Waldes abgeschottet von der Öffentlichkeit gelegenen Bauten als Hauptlazarett nebst einem Militärhospital und einer Medizinschule weiter zu nutzen. Zudem wurde der Standort auch zum Hauptsitz einer mobilen Sanitätskompanie. Durch zwei eigens errichtete Hubschrauberlandeplätze konnten jederzeit auch Patienten aus weiter entfernten Garnisonen oder gar aus dem Ausland hierher transportiert werden. Die medizinische Einrichtung stand nur den Angehörigen der sowjetischen und später russischen Truppen, beziehungsweise ihren Angehörigen, die mit ihnen in der DDR lebten, zur Verfügung.

Der Ort schrieb spätestens im April 1990 auch Weltgeschichte, nachdem hier der abgesetzte Partei- und Regierungschef Erich Honecker mit seiner Frau in einer ehemaligen Chefarztvilla Unterschlupf fand. Wenige Monate später wurde der mittlerweile per Haftbefehl gesuchte Honecker von hier aus über den sowjetischen Militärflughafen Sperenberg (→ S. 65) nach Moskau ausgeflogen, um ihn einer Strafverfolgung durch die deutsche Justiz zu entziehen. Nach Abzug der russischen Streitkräfte 1994 verfiel ein Großteil der Bauten. Die Natur eroberte sich das Areal schrittweise zurück und schuf eine teils verwunschene Kulisse, die schnell zu einem beliebten Ziel von Fotografen und Abenteurern wurde. Doch nicht alle Bauten

Ehemalige Arztvilla im sowjetischen Militärhospital Beelitz, April 1990

Der Baumkronenpfad Beelitz-Heilstätten entlang der verlassenen sowjetischen Kasernen, 2017

fielen der Vergessenheit zum Opfer. Die Gebäude der ehemaligen Lungenheilanstalt für Männer werden auch heute noch als Krankenhaus und Rehabilitationsklinik für neurologische Erkrankungen genutzt.
Mit der Eröffnung des Baumkronenpfads, der sich seit 2015 entlang der einstigen Bauten im Bereich der Lungenheilanstalt für Frauen windet, konnte der Tourismus wiederbelebt werden. Das einstige hochmoderne Chirurgiegebäude kann im Rahmen von Führungen besichtigt werden.

27 **Kleinmachnow »Panzerdenkmal«**

Neubauernsiedlung 1
14532 Kleinmachnow
www.checkpoint-bravo.de/panzerdenkmal.htm

Direkt neben der Autobahn, auf der Höhe der früheren Grenzübergangsstelle Dreilinden nach West-Berlin, steht auf einem Betonsockel ein rosafarbenes Fahrzeug, das von weitem nicht richtig einzuordnen ist. Es sieht aus wie ein Denkmal – aber wofür?
Bis 1990 stand auf dem Sockel ein Panzer des Typs T-34, um an den Sieg der Roten Armee über Nazi-Deutschland, aber auch an die dabei erlittenen hohen Verluste zu erinnern. Das Denkmal hatte zu diesem Zeitpunkt bereits eine längere Geschichte hinter sich. Im Sommer 1945 hatte die sowjetische Besatzungsmacht als Symbol ihres Sieges einen Panzer auf dem Mittelstreifen der Potsdamer Chaussee in Berlin-Zehlendorf aufgestellt. Dies erwies sich als ungünstig, da er sich in West-Berlin befand und dort wiederholt Anschlägen ausgesetzt war. Im Mai 1955 entfernten schließlich sowjetische Pioniereinheiten den Panzer. Wenige Monate zuvor war als Ersatz dafür auf DDR-Gebiet ein neues Panzerdenkmal in einer Kurve neben der Transitautobahn zwischen West-Berlin und der Bundesrepublik errichtet worden. Am 7. Oktober 1955, dem sechsten Jahrestag der Gründung der DDR, wurde es eingeweiht. Mit dem Neubau der Grenzübergangsstelle Drewitz und der Umleitung der Autobahn erhielt das Panzerdenkmal 1969 noch einmal einen neuen Standort. Es konnte seitdem zwar von der Straße aus gesehen, aber nie direkt besichtigt werden, da es sich im gesperrten Grenzgebiet befand. Sichtbar waren vor allem der Panzer und das in Richtung Westen gerichtete Kanonenrohr. Nach offizieller DDR-Lesart befand sich das Denkmal an jener Stelle, an der 1945 der erste

sowjetische T-34 die Stadtgrenze zu Berlin passiert habe.

Ehrenmale zur Erinnerung an den Sieg der Roten Armee gab es in vielen Städten der DDR, häufig umgeben von Friedhöfen, auf denen gefallene Soldaten der Roten Armee beigesetzt waren. Diese blieben auch nach 1990 bestehen. Den Panzer im ehemaligen Grenzgebiet ließ die sowjetische Armee jedoch abbauen, um ihn vor Beschädigungen durch die Bevölkerung zu bewahren. Der Sockel blieb erhalten. Der Künstler Eckhart Haisch ließ 1992 im Rahmen einer Kunst-Aktion ein rosarot gestrichenes Schneeräumfahrzeug aus sowjetischer Produktion darauf stellen. Das Kunstwerk ist inzwischen in die Denkmalliste des Landes Brandenburg aufgenommen und kann nebst einer Freiluftausstellung zur Geschichte des Ortes besichtigt werden.

28 Neue Hakeburg / Parteihochschule »Karl Marx« / Berlin Brandenburg International School

Am Hochwald
14532 Kleinmachnow

In seinem 1955 in der Bundesrepublik erschienenen und zum Klassiker gewordenen Buch »Die Revolution entlässt ihre Kinder« rechnete Wolfgang Leonhard mit dem Kommunismus ab und erregte damit große Aufmerksamkeit in Ost und West. Zugleich wurde durch

Angehörige der Grenztruppen der DDR sperren die Transitstrecke in Richtung Westen, 1965

Das Panzer-Denkmal Kleinmachnow mit Schneefräse statt Panzer, 2017

Unterricht in der Parteihochschule der SED, 1948

Die leerstehende Hakeburg, 2006

seine Einblicke in das Innenleben der SED erstmals bekannt, was seit 1947 hinter dem hohen Zaun der sorgsam von der Öffentlichkeit verborgenen Parteihochschule der SED in Kleinmachnow vor sich ging. Bis zu seiner Flucht aus der Sowjetischen Besatzungszone hatte Leonhard, der als junger kommunistischer Funktionär mit der Gruppe Ulbricht aus der Sowjetunion nach Deutschland zurückgekehrt war, als Dozent an dieser Parteischule gelehrt. Eindrucksvoll schilderte der Abtrünnige die Atmosphäre an der Kaderschmiede, an der die politischen Aufbruchshoffnungen der Nachkriegszeit schon bald durch ideologischen Dogmatismus und politische Grabenkämpfe erstickt wurden. Das bis 1945 unter der Ägide von Reichspostminister Wilhelm Ohnesorge zum Sitz der Reichspostforschungsanstalt ausgebaute Anwesen am Ufer des Machnower Sees wurde zwei Jahre nach dem Krieg von der sowjetischen Besatzungsmacht an die SED übereignet. Nach aufwendigen Umbaumaßnahmen konnte die zuvor in Liebenwalde ansässige Parteihochschule »Karl Marx« im Dezember 1947 in die neue Lehranstalt mit einem großen Hörsaal, Seminarräumen, Bibliothek, Lehrmittelkabinett und Versorgungseinrichtungen umziehen. Für die Studierenden standen auf dem Areal modern eingerichtete Internatswohnungen mit Möbeln aus den Deutschen Werkstätten Hellerau zur Verfügung. Als »Waffenschmiede des Sozialismus« bezeichnete Otto Grotewohl bei der Eröffnung am 10. Januar 1948 die politische Hochschule und beschrieb damit ihren Auftrag: die Ausbildung von der Partei treu ergebenen und ideologisch gefestigten Funktionären. In den folgenden Jahren wurden

in Kleinmachnow hunderte künftige Parteikader in marxistisch-leninistischer Theorie, kommunistischer Parteigeschichte und in Organisationsfragen geschult.
Auch nach dem Umzug der Parteihochschule Ende 1954 nach Berlin blieb die Einrichtung eine politische Kaderschmiede, nun für die Bezirke Potsdam und Frankfurt (Oder). Als Kleinmachnow nach dem Mauerbau 1961 von Berlin abgeschnitten war, etablierte sich im Gebäude der Neuen Hakeburg für kurze Zeit ein nach Frédéric Joliot-Curie benannter Klub des Kulturbundes. Seit dem Ende der 1970er Jahre wurde das Areal bis 1989 erneut vom Zentralkomitee der SED als Schulungszentrum und Gästehaus genutzt.
Nach 1990 geriet ein auf dem Gelände gegründeter Hotelbetrieb wegen der illegalen Finanzierung aus dem ehemaligen Parteivermögen der SED ins Zwielicht. 1995 wurde das Gelände auf dem Seeberg an die Deutsche Telekom als Rechtsnachfolgerin der Reichspostforschungsanstalt rückübertragen, die die Burg und die anderen Gebäude weiterverkaufte. Eine geplante Nutzung der Burg als Hotel durch neue Eigentümer kam nicht zustande, sie steht inzwischen leer. Die anderen Gebäude werden von der privaten Berlin Brandenburg International School genutzt.

29 Industrie- und Forschungsregion Teltow / Industriemuseum der Region Teltow

Oderstraße 23 - 25
14513 Teltow
www.imt-museum.de

Die Region Teltow kann auf eine 140-jährige Industriegeschichte zurückblicken. Die Stadt mit knapp 15 000 Einwohnern (1989) entwickelte sich in mehreren Phasen mit der Errichtung und Eröffnung des Teltow-Kanals (1901/06). Trotz der Ansiedlung mehrerer Rüstungsunternehmen in den 1930/40er Jahren erfolgte ein umfassender Aufschwung erst nach dem Ende des Krieges. Die neu errichteten Bauten der Geräte- und Regler-Werke (GRW Teltow) und des Kombinats Elektronische Bauelemente prägten schon bald das Stadtbild. Durch die Konzentration der GRW Teltow mit seinen mehr als 10 000 Beschäftigten auf die Automatisierungstechnik wuchs die Region spätestens ab den 1970er Jahren zu einem Zentrum für die Betriebsmess-, Steuerungs- und Regelungstechnik in der DDR, deren Produkte auch erfolgreich ins Ausland verkauft wurden. Das im April 1949 gegründete Institut für Faserstoff-Forschung der Akademie der Wissenschaften der DDR stellte die

Fertigung von Wechselstromzählern im VEB Zähler- und Apparatebau Teltow, 1963

maßgeblichen Weichen für den Aufbau der Chemiefaser-Industrie im Land.
Die Forschungsergebnisse flossen direkt in die Erzeugnis- und Produktionsentwicklung der großen Industriewerke in Premnitz und Schwarza ein. Zu einem der bekanntesten Produktions- und Forschungsergebnisse in der DDR-Zeit zählt die 1972 von einem Spezialkollektiv des Instituts für Polymerenchemie

entwickelte künstliche Niere, die auf der Basis von Hohlmembranen funktionierte. Außerdem galt die Region mit dem 1960 gegründeten Institut für Halbleitertechnik als »Silicon Valley« der DDR. Die hier erlangten Forschungsergebnisse führten zur Serienfertigung im Halbleiterwerk Frankfurt (Oder), dem bis 1989/90 größten Produzenten von Mikroelektronik in der DDR. Doch letztlich konnte die DDR den Technologievorsprung der westlichen und asiatischen Länder nicht mehr einholen.
Den Privatisierungsprozess nach der deutschen Vereinigung überlebten nicht alle Unternehmen in Teltow. Doch einige blieben auch nach Aufkäufen und Umstrukturierungen der Region treu.
Das 2005 eröffnete Industriemuseum Teltow dokumentiert die wechselvolle Geschichte der Region. Dabei wird die Entwicklung der Unternehmen und Vorhaben aus den Bereichen Infrastruktur, Kommunikationstechnik, Elektronik, Automatisierungstechnik und Polymerchemie dargestellt.

30 Computermuseum an der Technischen Hochschule Brandenburg

Magdeburger Straße 50
14770 Brandenburg an der Havel
www.stadt-brandenburg.de/kultur/museen/computermuseum

Am Fachbereich Informatik der Technischen Hochschule Brandenburg dokumentiert eine kleine Ausstellung mit einer Auswahl von in der DDR entwickelten und produzierten Rechnern die Entwicklung der Computertechnik im Staatssozialismus. Ein Teil der ausgestellten Objekte stammt aus dem ehemaligen Stahl- und Walzwerk Brandenburg. Die Präsentation bietet Einblicke in die eigenständigen ostdeutschen Versuche von Entwicklern, Technikern und Betrieben wie der Firma Robotron, den Einsatz moderner Informationstechnologien in der DDR-Wirtschaft, in der Wissenschaft und anderen gesellschaftlichen Bereichen voranzutreiben. Zugleich wird sichtbar, welche enormen Anstrengungen die SED-Führung seit den 1970er Jahren unternahm, um mit der gezielten Förderung der Mikroelektronik den wachsenden technologischen Rückstand zum Westen zu verringern, letztlich jedoch unter den Bedingungen der Planwirtschaft und des fehlenden Technologietransfers an dieser Aufgabe scheitern musste.
In der Ausstellung können die Besucher zugleich einen Eindruck davon gewinnen, welche enormen Fortschritte die Entwicklung der Computertechnik sowie der Speichermedien auf dem Weg von der Großrechenanlage zum Personal Computer in nur wenigen Jahrzehnten gemacht hat.

31 Stahl- und Walzwerk / Industriemuseum Brandenburg

August-Sonntag-Straße 5
14770 Brandenburg an der Havel
www.industriemuseum-brandenburg.de

»31 Jahre arbeitete ich im Stahl- und Walzwerk Brandenburg, heute führe ich Besucher durch das daraus entstandene Industriemuseum«, beschreibt eine Mitarbeiterin des Museums den Wandel des Werks. Rund 100 Jahre war Brandenburg ein wichtiger Stahlstandort gewesen. Das erste Stahlwerk wurde zwar 1945 als Reparationsleistung an die Sowjetunion komplett demontiert. 1950 konnte jedoch ein neues Werk aufgebaut werden, das sich zum größten Rohstahlproduzenten der DDR entwickelte. Leider ging das Wachstum kaum mit wichtigen Modernisierungsmaßnahmen einher, so dass das Werk 1990 veraltet und nicht mehr wettbewerbsfähig war. Der Betrieb Stahl- und Walzwerk Brandenburg wurde in eine Gesellschaft mit beschränkter Haftung umgewandelt und der Treuhandanstalt zugeordnet. Teile des Werks wurden verkauft und produzieren noch heute. Andere wurden stillgelegt, so auch das Siemens-Martin-Stahlwerk. Am 13. De-

Ausstellung zur Computerentwicklung in der DDR in Brandenburg / Havel, 2017

zember 1993 wurde hier zum letzten Mal Stahl abgestochen.

Die weitgehende Reduzierung des Betriebs traf die Stadt Brandenburg hart. 1988 waren noch ca. 9000 Arbeiter und Angestellte im Stahl- und Walzwerk beschäftigt, nach 1990 nur noch etwa 850. Parallel zur Stilllegung wurden Maßnahmen zur Dokumentation des Siemens-Martin-Verfahrens ergriffen, das zu diesem Zeitpunkt im Westen nur noch aus Geschichtsbüchern bekannt war. Die Brandenburger Siemens-Martin-Öfen gehörten zu den letzten ihrer Art in Europa. Mit der Abwicklung des Betriebs entstand die Idee, einen der Öfen zu erhalten und in Form eines Industriemuseums vor Ort zu präsentieren. 1992 wurde das Museum gegründet, und im ersten Jahr konnte der Siemens-Martin-Ofen sogar noch in Betrieb besichtigt werden. 1994 wurden der Ofen und die Halle in die Denkmalliste der Stadt Brandenburg eingetragen. Zum Museum gehören einerseits der Ofen in seiner ursprünglichen Umgebung und

Imposante Industriearchitektur des VEB Stahl- und Walzwerk Brandenburg-Havel, 1954

Eingangsbereich des Industriemuseums Brandenburg, 2017

andererseits ein Neubau, in dem jeweils wechselnde Ausstellungen gezeigt werden. Frühere Mitarbeiterinnen und Mitarbeiter führen durch das Museum und erläutern die Funktionsweise und Geschichte des Stahlwerks.

32 Park der Kultur und Erholung / Bürgerpark Marienberg

Marienberg
14470 Brandenburg an der Havel

Das bereits seit Mitte des 19. Jahrhunderts touristisch genutzte Umfeld des 69 Meter hohen Marienbergs in unmittelbarer Nähe der historischen Altstadt von Brandenburg an der Havel fiel zu DDR-Zeiten in das Blickfeld der Stadtplaner. Das 22 Hektar große Areal wurde 1974 / 75 zu einem Park der Kultur und Erholung umgestaltet. Neben einer bereits 1956 eröffneten Freilichtbühne für 4000 Personen und einem 1967 / 69 errichteten Volksbad führte die neugestaltete Hauptachse des Parks auf einen knapp 33 Meter hohen Turm. Das als Friedenswarte bezeichnete Gebäude wurde zum 25. Jahrestag der DDR am 7. Oktober 1974 offiziell eingeweiht. Der verglaste Aussichtsturm entwickelte sich zu einem weithin sichtbaren Wahrzeichen der Stadt. Das Jubiläum sollte sich auch in der Architektur des Turms widerspiegeln, der über fünf offene und fünf geschlossene Aussichtsebenen verfügte.

Nur wenige hundert Meter vom Turm entfernt hatten die Nationalsozialisten im Jahr 1940 eine ihrer ersten Tötungsanstalten im Deutschen Reich eingerichtet, in der mehr als 9000 Menschen im Rahmen der sogenannten Euthanasie in einer Gaskammer auf dem Gelände des Alten Zuchthauses ermordet wurden. Der nördliche Übergang des Parks zum neu errichteten Ehrenfriedhof und zum ehemaligen Krematorium wurde mit einem Mahnmal für den antifaschistischen Widerstandskampf gestaltet. Die Bronzefigur »Gefesselter Widerstandskämpfer« des Brandenburger Bildhauers Franz Andreas Threyne – er war in der NS-Zeit mit Krieger- und Soldatendenkmälern hervorgetreten – soll an die Opfer der bis 1945 im Zuchthaus Brandenburg-Görden internierten oder hingerichteten politischen

Blick auf den Einsteinturm im Bürgerpark Marienberg, 2009

Häftlinge erinnern. Dazu zählten zahlreiche Angehörige der KPD wie etwa Bernhard Bästlein, Anton Saefkow oder Werner Seelenbinder.
Der Friedensturm steht seit 1996 unter Denkmalschutz und wurde 2006 umfassend saniert. Das weitläufige Gelände des heutigen Freizeit- und Erholungsparks Marienberg mit seinen gärtnerischen Anlagen ist für die Bundesgartenschau 2015 noch einmal umgestaltet worden.

chen Haftbedingungen geprägt. Diese wurden durch die Überfüllung des Zuchthauses, das für 1800 Gefangene ausgerichtet war und bis Kriegsende fast die dreifache Menge zählte, noch verschlechtert. Bis zu 60 Prozent der Gefangenen, die aus ganz Europa kamen, waren sogenannte Politische. Sie wurden gemeinsam mit den Kriminellen untergebracht. Brandenburg-Görden war aber nicht nur ein Zuchthaus, sondern auch Hinrichtungsstätte.

Gedenk- und Informationstafel an der Zufahrt zur JVA Brandenburg-Görden, 2017

33 Gedenkstätte Zuchthaus Brandenburg-Görden

Anton-Saefkow-Allee 22
14472 Brandenburg an der Havel
www.stiftung-bg.de/doku/neues/neues_m2.htm

Einer der heute prominentesten Gefangenen im Zuchthaus Brandenburg-Görden war Erich Honecker. Der spätere Staats- und Parteichef der DDR war hier zwischen 1937 und 1945 inhaftiert. Damals im Alter von Mitte bis Ende 20 war er jedoch nur einer unter vielen von der NS-Justiz verurteilten Kommunisten in diesem Zuchthaus, das Ende April 1945 von der Roten Armee befreit wurde.
Das Zuchthaus in Brandenburg-Görden war in den 1920er Jahren als Musteranstalt für einen humanen Strafvollzug geplant worden. Während der NS-Zeit war es jedoch eher durch seine unmenschli-

Gedenkstein für die Opfer des sowjetischen Geheimdienstes in Brandenburg-Görden, 2017

Während des Krieges wurden hier mehr als 2000 Todesurteile vollstreckt. Nach 1945 diente das Zuchthaus erneut als Haftanstalt für politische Gefangene. Zunächst internierten die sowjetischen Militärbehörden und der sowjetische Geheimdienst NKWD hier Verdächtige. 1950 übernahm das Ministerium des Innern der DDR die

Luftbild vom Obelisken und vom Kulturhaus der Eisenbahner in Kirchmöser, 2017

Einrichtung und inhaftierte hier sowohl verurteilte Kriminelle, NS-Täter und Kriegsverbrecher als auch politische Gegner, Teilnehmer des Aufstandes vom 17. Juni 1953, gescheiterte »Republikflüchtlinge« und Ausreisewillige sowie Zeugen Jehovas. Das Brandenburger Gefängnis gehörte zu den größten und gefürchtetsten Haftanstalten der DDR. Immer wieder kam es zu Misshandlungen von Häftlingen. Im Rahmen der Amnestie vom November 1989 wurden die politischen Häftlinge entlassen.
Bereits 1964 hatte die DDR-Regierung innerhalb des Zuchthauses Gedenkräume eingerichtet, die an die während des Nationalsozialismus Hingerichteten erinnern sollten. 1990 übernahm das Justizministerium des Landes Brandenburg die Haftanstalt und führt sie seitdem als Justizvollzugsanstalt weiter. Die Gedenkräume mit einem rekonstruierten Hinrichtungsraum und einer Ausstellung zur Geschichte des Zuchthauses befinden sich weiterhin innerhalb der Anstalt und können nach Terminvereinbarung besichtigt werden. Für 2018 ist die Eröffnung einer Ausstellung zur Geschichte der Haftanstalt außerhalb des Gefängnisses in der ehemaligen Direktorenvilla geplant.

34 Klubhaus der Eisenbahner / Ruine

Am Seegarten
14774 Brandenburg an der Havel

Noch im Herbst 1914, wenige Monate nach Beginn des Ersten Weltkrieges, fiel die Entscheidung zum Bau einer modernen Pulverfabrik unweit der Stadt Brandenburg an der Havel. In den folgenden Monaten entstanden knapp 400 Gebäude der Königlich-Preußischen Pulverfabrik Kirchmöser bei Plaue an der Havel mitsamt einer eigenen Kleinstadtsiedlung. Die Produktion lief 1916 an und erreichte im letzten Kriegsjahr ihren Höhepunkt. Mehr als 4000 Beschäftigte und etwa 2000 Kriegsgefan-

gene sorgten hier für Waffennachschub. Mit dem Ende des Ersten Weltkrieges und den Beschlüssen der Versailler Verträge endete hier die Produktion von Pulver. Die noch vorhandenen Lagerbestände wurden auf der Halbinsel Wusterau vernichtet. Die Überreste stellen noch heute eine enorme Umweltbelastung dar. Nach der Übereignung der modernen Fabrikationsanlagen an die Reichsbahn erfolgte eine Umwandlung in das Eisenbahnwerk Brandenburg-West. Der Zweite Weltkrieg forcierte wiederum die Transformation hin zu einem wichtigen Rüstungsstandort der Panzerfertigung. Neben Panzergehäusen und Panzerblechen erfolgte hier auch die Vorfertigung des Panzers »Panther«.

Mit Ende des Krieges richteten die sowjetischen Streitkräfte in eben dieser ehemaligen Fertigungsstätte ein eigenes Panzerreparaturwerk ein. Daneben bezog die Reichsbahn wiederum die östlichen Teile des weitläufigen Komplexes. Mit dem Ausbau der Stahlindustrie in der Stadt Brandenburg erfolgte in Kirchmöser auch der Ausbau des Walzwerkes »Willi Becker«, das dem Stahl- und Walzwerk Brandenburg (→ S. 102) unterstand. Neben der Produktion von Schienen wurden hier Weichen für den eigenen Bedarf aber auch für den Export gefertigt.

Das 1915 / 16 errichtete Offizierskasino Seegarten und die angeschlossene Staatskantine wurden in der Weimarer Republik als Hotel mit Ball- und Gesellschaftshaus genutzt. Mit dem Aufbau des Reichsbahn- und Walzwerkes erfolgte die Umbenennung des ehemaligen Offizierskasinos und der angeschlossenen Kantine zum »Klubhaus der Eisenbahner«. Hier fanden nicht nur kulturelle Veranstaltungen statt, sondern trafen sich auch verschiedene Interessengemeinschaften wie etwa der Männerchor. Wie auch bei den anderen Kulturhäusern des Landes war das Klubhaus Kirchmöser ein kulturelles Zentrum für die ganze Region. Heute ist es nur noch eine Ruine.

Anhang

GLOSSAR

BV – Bezirksverwaltung
FDJ – Freie Deutsche Jugend
GSSD – Gruppe der sowjetischen Streitkräfte in Deutschland
KPD – Kommunistische Partei Deutschlands
KVP – Kasernierte Volkspolizei
LPG – Landwirtschaftliche Produktionsgenossenschaft
MfS – Ministerium für Staatssicherheit
NVA – Nationale Volksarmee
NVR – Nationaler Verteidigungsrat
OHS – Offiziershochschule
PH – Pädagogische Hochschule
SED – Sozialistische Einheitspartei Deutschlands
SPD – Sozialdemokratische Partei Deutschlands
VEB – Volkseigener Betrieb
WGT – Westgruppe der Truppen (Nachfolger der GSSD)

LITERATURAUSWAHL

Alisch, Steffen: Strafvollzug im SED-Staat. Das Beispiel Cottbus, Frankfurt am Main 2014

Ansorg, Leonore: Politische Häftlinge im Strafvollzug der DDR. Die Strafvollzugsanstalt Brandenburg, Berlin 2005

Berkholz, Stefan: Goebbels' Waldhof am Bogensee. Vom Liebesnest zur DDR-Propagandastätte, Berlin 2004

Boeger, Peter / Dollmann, Lydia (Hg.): Freundwärts – Feindwärts. Die deutsch-deutsche Grenzübergangsstelle Drewitz / Dreilinden, Berlin 2011

Boeger, Peter / Dowe, Alexander (Hg.): Panzerdenkmal Berlin-Dreilinden. Geschichte und Hintergründe, Berlin 2014

Chronos-Film / Stiftung Preußische Schlösser und Gärten Berlin-Brandenburg (Hg.): Schloß Cecilienhof und die Potsdamer Konferenz 1945. Von der Hohenzollernwohnung zur Gedenkstätte, Berlin 1995

Ciesla, Burghard / Suter, Helmut: Jagd und Macht. Die Geschichte des Jagdreviers Schorfheide, Berlin 2011

Hammerstein, Katrin / Scheunemann, Jan (Hg.): Die Musealisierung der DDR. Wege, Möglichkeiten und Grenzen der Darstellung von Zeitgeschichte in stadt- und regionalgeschichtlichen Museen, Berlin 2012

Hertle, Hans-Hermann / Schnell, Gabriele: Gedenkstätte Lindenstraße. Vom Haus des Terrors zum Potsdamer Haus der Demokratie, Berlin 2014

Hertle, Hans-Hermann: Die Berliner Mauer. Biografie eines Bauwerkes, Berlin 2014

Kaminsky, Anna (Hg.): Orte des Erinnerns. Gedenkzeichen, Gedenkstätten und Museen zur Diktatur in SBZ und DDR, 3. überarb. u. erw. Auflage Berlin 2016

Kilian, Achim: Mühlberg 1939 – 1948. Ein Gefangenenlager mitten in Deutschland, Köln u. a. 2001

Kittan, Tomas: Das Zuchthaus Cottbus. Die Geschichte des politischen Strafvollzugs, Cottbus 2009

Lipinsky, Renate / Lipinsky, Jan: Die Straße, die in den Tod führte. Zur Geschichte des Speziallagers Nr. 5 Ketschendorf / Fürstenwalde, Leverkusen 1998

Ludwig, Andreas: Eisenhüttenstadt. Wandel einer industriellen Gründungsstadt in fünfzig Jahren, Potsdam 2000

Plato, Alexander von (Hg.): Sowjetische Straflager in Deutschland 1945 bis 1950, Bd. 1. Studien und Berichte, Berlin 1998

< Gießpfanne im Industriemuseum Brandenburg, 2017. Ursprünglich gab es zwölf Siemens-Martin-Öfen, heute erinnert noch ein Ofen an den ehemals größten Rohstahlproduzenten in der DDR.

Reich, Ines / Schulz, Maria (Hg.): Sowjetisches Untersuchungsgefängnis Leistikowstraße Potsdam, Berlin 2012

Stadt Hennigsdorf (Hg.): Grenzturm Nieder Neuendorf. Eine Ausstellung am historisch-authentischen Ort, Hennigsdorf 2014

Weigelt, Andreas: »Umschulungslager existierten nicht«. Zur Geschichte des sowjetischen Speziallagers Nr. 6 in Jamlitz 1945 - 1947, Potsdam 2001

Wenzke, Rüdiger: Ab nach Schwedt! Die Geschichte des DDR-Militärstrafvollzugs, Berlin 2011

ABBILDUNGSVERZEICHNIS

akg images: S. 59 l. u. (Henning Langenheim), 99 o. (Gert Schütz)

Archiv der Familie Dutschke: S. 64

Archiv Künstlerhaus Schloss Wiepersdorf: S. 69

Barnim Panorama Wandlitz: S. 33

Christian Borchert (Deutsche Fotothek, Sächsische Landesbibliothek - Staats- und Universitätsbibliothek Dresden): S. 77

BStU, Außenstelle Frankfurt (Oder): S. 50

Bundesarchiv: S. 3 (183-75478-0007), 6 (183-P0417-0027), 8 o. (183-1984-1117-009), 12 o. (183-E0506-0004-011), 18 u. (183-06059-0050), 21 (183-T1006-016), 23 o. (183-84098-0004), 27 (183-75282-0004), 31 o. (183-93126-0001), 35 (183-1986-0722-019), 36 (005682-02), 43 u. (183-1983-0426-311), 45 u. (183-S0601-029), 50 - 51 u. (183-S0523-0030), 52 - 53 (183-W0830-0007), 55 o. (183-26011-0006), 55 u. (183-26067-0006), 60 o. (183-82135-0003), 63 (183-E0118-0006-002), 65 u. (183-1990-1207-301), 75 (183-32951-0005), 85 o. (183-06020-0001), 87 (183-69141-0002), 92 (183-14059-0015), 93 (183-R67561), 100 o. (183-19000-3786), 101 (183-B0318-0002-001), 103 u. (183-27430-0001), 108

Stefan Büttner: S. 74

Chronik der Disziplinareinheit Schwedt 1981 - 1990: S. 20 u. (BArch, DVW 5-16 / 74001)

Martin Kaule: S. 7, 8 u., 10, 11, 12 u., 13, 14, 15, 16 - 17, 18 o., 19, 20 o., 22, 28, 30 o., 34 u., 40 (5x), 42, 45 o., 46, 49, 54, 56, 58, 59 (2x), 60 u., 61, 62, 65 o., 68 (2x), 72 (3x), 78, 80, 81 o., 83 (3x), 85 u., 86, 88 (2x), 89, 90, 95 (3x), 99 u., 100 u., 103 o., 104 (2x), 105 (2x), 108

Christina Kurby: S. 97

Martin Langer: S. 47

Klaus Mebus: S. 111 M.

Roger Melis (Archiv Mathias Bertram): S. 96

Menschenrechtszentrum Cottbus e.V.: S. 81 u.

Orte der Geschichte e.V.: S. 24 (Martin Kaule), 30-31 u. (Martin Kaule), 37 (Martin Kaule), 43 o. (Martin Kaule), 66-67 (Martin Kaule), 76 - 77 (Martin Kaule), 98 (Martin Kaule), 106 - 107 (Martin Kaule)

Stiftung Brandenburgisches Haupt- und Landgestüt Neustadt (Dosse): S. 9

Studio Babelsberg AG: S. 91

Anja Tack: S. 57

Ullstein Bild: S. 23 u. (00220767), 25 (ADN-Bildarchiv), 29 (Zöllner), 34 o. (00216908), 44 (ddrbildarchiv.de)

Wikimedia Commons: S. 4 (A. Savin / FAL), 26 (A. Savin / CC BY-SA 3.0), 39 l. (Jwnabd / gemeinfrei), 39 r. (Bravinsky / gemeinfrei)

DIE AUTOREN

JÜRGEN DANYEL

Jahrgang 1959, Dr. phil., Historiker; seit 1992 wiss. Mitarbeiter im Zentrum für Zeithistorische Forschung Potsdam, stellv. Direktor, Leiter der Abteilung »Zeitgeschichte der Medien- und Informationsgesellschaft«, Forschungen zur Vergangenheitsaufarbeitung in beiden deutschen Staaten, zu Eliten in der SBZ / DDR und zur Sozialgeschichte; zahlreiche Buchveröffentlichungen.

MARTIN KAULE

Jahrgang 1979; 1999 - 2001 Studium zum Informatik-Betriebswirt an der Verwaltungs- und Wirtschaftsakademie Berlin; seit 2001 Fotodokumentation von »Orten der Zeitgeschichte«; seit 2005 Organisation von Exkursionen sowie Studien- und Forschungsreisen durch ganz Europa; Gründungs- und Vorstandsmitglied des Vereins »Orte der Geschichte«, Herausgeber der gleichnamigen Reihe im Ch. Links Verlag, zahlreiche Bucherveröffentlichungen.

IRMGARD ZÜNDORF

Jahrgang 1968, Dr. phil., Historikerin, seit 2008 wiss. Mitarbeiterin im Zentrum für Zeithistorische Forschung Potsdam, Leiterin des Bereichs Public History und Koordinatorin des Studiengangs Public History an der Freien Universität Berlin, Forschungen zur Musealisierung in der Bundesrepublik, zu Zeitzeugen in der Geschichtsvermittlung und zur Wirtschaftsgeschichte.

Martin Kaule

Brandenburg 1933 – 1945

Der historische Reiseführer

2. Auflage, 2014
112 Seiten, Klappenbroschur
132 Abbildungen, 2 Karten
ISBN 978-3-86153-812-7
15,00 € (D); 15,50 € (A)

Martin Kaule

Sachsen 1945 – 1989

Der historische Reiseführer

108 Seiten, Klappenbroschur
130 Abbildungen, 3 Karten
ISBN 978-3-86153-852-3
15,00 € (D); 15,50 € (A)

WWW.CHRISTOPH-LINKS-VERLAG.DE

Ch.Links

Martin Kaule

Mecklenburg-Vorpommern 1933 – 1945

Der historische Reiseführer

120 Seiten, Klappenbroschur
156 Abbildungen, 4 Karten
ISBN 978-3-86153-853-0
15,00 € (D); 15,50 € (A)

Mike Schmeitzner, Francesca Weil

Sachsen 1933 – 1945

Der historische Reiseführer

128 Seiten, Klappenbroschur
166 Abbildungen, 6 Karten
ISBN 978-3-86153-782-3
15,00 € (D); 15,50 € (A)

WWW.CHRISTOPH-LINKS-VERLAG.DE

Ch.Links

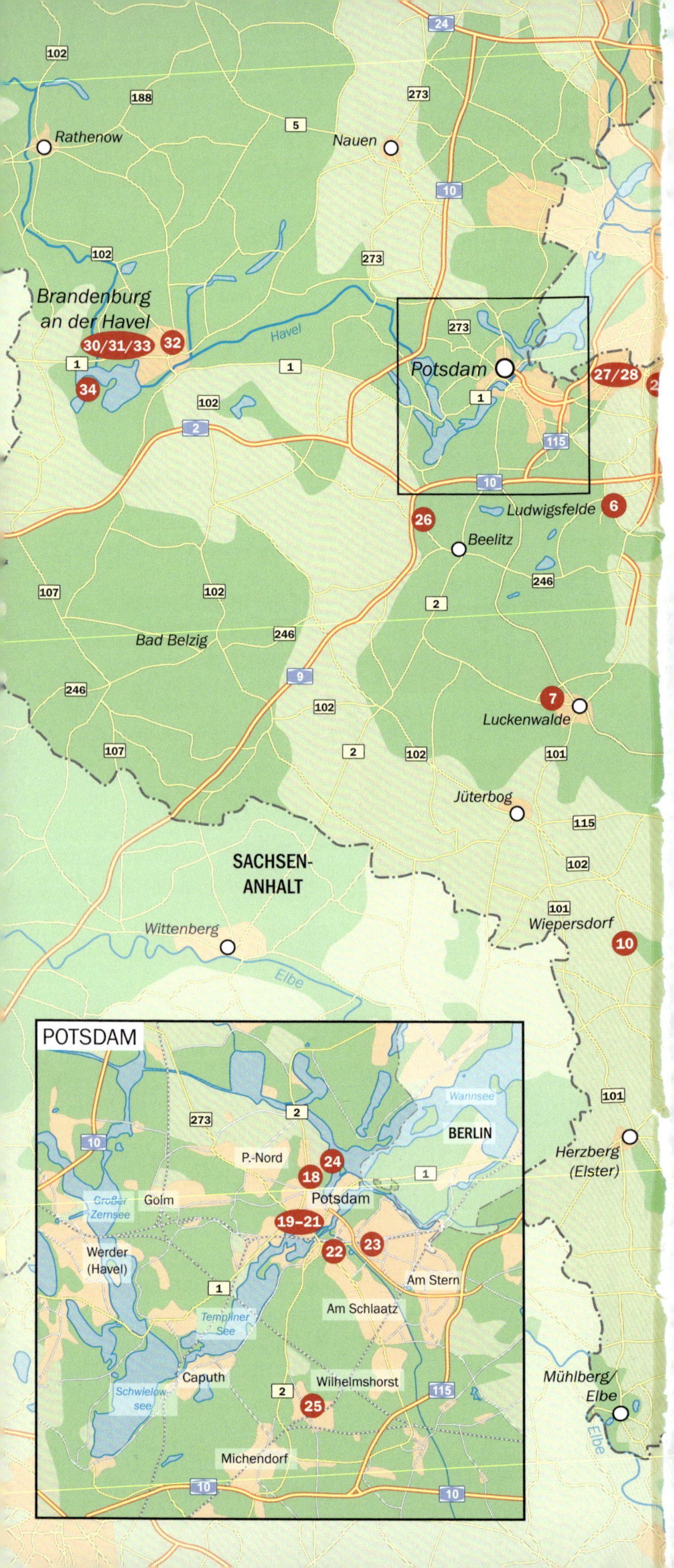

Rathenow
Nauen
Brandenburg an der Havel
Havel
30/31/33
32
34
Potsdam
27/28
Ludwigsfelde
6
26
Beelitz
Bad Belzig
7
Luckenwalde
Jüterbog
SACHSEN-ANHALT
Wittenberg
Elbe
Wiepersdorf
10
Herzberg (Elster)
Mühlberg/ Elbe
POTSDAM
Wannsee
BERLIN
P.-Nord
24
18
Golm
Großer Zernsee
Potsdam
19–21
22
23
Werder (Havel)
Am Stern
Am Schlaatz
Templiner See
Caputh
Schwielowsee
Wilhelmshorst
25
Michendorf